Pingpong Neu 2

Arbeitsbuch

von Gabriele Kopp
und Konstanze Frölich

Max Hueber Verlag

€	3.	2.	1.	Die letzten Ziffern
2005	04	03	02	01	bezeichnen Zahl und Jahr des Druckes.

Alle Drucke dieser Auflage können, da unverändert,
nebeneinander benutzt werden.
1. Auflage
© 2001 Max Hueber Verlag, D-85737 Ismaning
Titelfoto: Gerd Pfeiffer, München
Zeichnungen: Frauke Fährmann, Pöcking
Druck und Bindung: Druckerei Himmer, Augsburg
Printed in Germany
ISBN 3-19-011655-5

Inhalt

Liebe Schülerinnen und Schüler,

in diesem Arbeitsbuch erscheinen die drei Themenkreise aus dem Kursbuch wieder:
1) In der Freizeit
2) Mein Alltag zu Hause
3) Ferien und Freizeit

Am Anfang jedes Themenkreises findet ihr zwei Seiten, die ihr selbst ausfüllen sollt:
a) Was ihr zu dem Thema schon wisst: Schreibt alles auf, was euch zu dem Thema einfällt, und was ihr schon auf Deutsch sagen könnt.
b) Was ihr in diesem Themenkreis gelernt habt: Die Lernziele sind angegeben. Schreibt auf, was ihr dazu gelernt habt.
c) Landeskundliche Vergleiche: Schreibt auf, was ihr dazu in dem Themenkreis erfahren habt, und wie es bei euch ist.

Die Punkte b) und c) könnt ihr erst am Ende des Themenkreises erarbeiten. Vielleicht müsst ihr die Lektionen noch einmal durchsehen, dann könnt ihr auch zu diesen Punkten etwas schreiben.

Am Ende jedes Themenkreises findet ihr:
1) Wiederholungsübungen;
2) Grammatikregeln zum Selbstausfüllen;
3) einen Lesetext mit Aufgaben und Tipps;
4) Übungen zur Phonetik;
5) Tests mit Selbstkontrolle zu jeder Lektion.

Die Tests solltet ihr nach jeder Lektion mit Bleistift ausfüllen. Durch die Lösungswörter und Lösungssummen könnt ihr selbst sehen, ob alles richtig ist.
Wenn ihr den ganzen Themenkreis bearbeitet habt, könnt ihr euch dann noch mal testen. Radiert die alten Ergebnisse weg und löst alle Tests auf einmal.

Viel Spaß und viel Erfolg wünschen euch

eure Autorinnen

Was fällt dir dazu ein? Schreib auf.

Freizeit

Hobby, Disco, Sonntag, Spaß _____

_____

_____

tanzen, schlafen, _____

_____

_____

_____

Sport

Tennis, Schwimmbad _____

_____

_____

_____

schwimmen, reiten, _____

_____

_____

_____

Musik

Konzert, Sänger _____

_____

_____

Musik hören, Gitarre spielen _____

_____

_____

_____

Themenkreis 1: In der Freizeit

Das hast du gelernt:

(Diese Seite kannst du erst am Ende eines Themenkreises ausfüllen.)

Klaus springt höher als Peter.

■ etwas vergleichen

■ etwas über Sportarten

■ über das Befinden sprechen

■ die Körperteile

■ Personen beschreiben

■ eine Vorliebe ausdrücken

■ etwas über Musik

■ eine Erlaubnis erfragen

■ nach dem Preis fragen und den Preis nennen

■ nach dem Grund fragen und etwas begründen

■ über Vergangenes erzählen

Landeskunde: Vergleiche.
(Such Informationen im Buch.**)**

(D)   (CH)
   (A)

Und wie ist es bei euch?

■ Der Lieblingssport in Deutschland ist

_____ .

■ Viele Popsänger singen auf Englisch. Es gibt aber auch Rap und Hiphop auf _____ .

1. Kreuzworträtsel

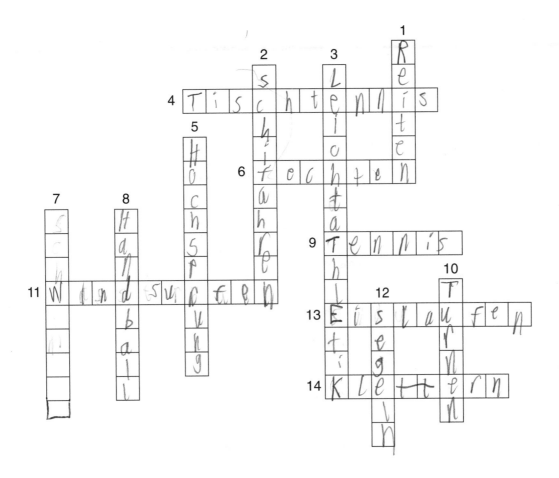

Waagerecht (→)

4 Man kann diesen Sport zu Hause machen. Der Ball ist klein.

6 Für diese Sportart braucht man einen Degen. Die Sportler sind weiß gekleidet.

9 Das ist ein Ballsport. Zwei oder vier Leute spielen mit Schlägern.

11 Das ist ein Wassersport. Er kommt aus Amerika.

13 Das ist ein Wintersport. Aber man braucht keinen Schnee.

14 Für diesen Sport fährt man im Sommer in die Berge.

Senkrecht (↓)

1 Man braucht ein Tier für diesen Sport.

2 Man macht diesen Sport im Winter im Schnee.

3 Laufen, Hochsprung, Weitsprung, Werfen und Hürdenlauf = ?

5 Das ist eine Disziplin der Leichtathletik. Man springt in eine Sandgrube.

7 Viele Leute machen diesen Wassersport, in der Halle oder draußen.

8 Das ist ein Ballsport. Man spielt in der Halle.

10 Man macht diese Sportart auch in der Schule im Sportunterricht, oft im Winter in der Halle.

12 Das ist ein Wassersport. Man braucht ein Boot.

Lektion 1

A 3/4 **2. Stell Fragen mit:** *welcher/welchen – welches – welche.*

a) *Welchen Sport* _____ Ich spiele am liebsten Fußball.

b) Welches Hobby habt ihr? _____ Wir sammeln Briefmarken.

c) Welchen Sport ist am teuersten? ___ Segeln ist am teuersten.

mögt

d) Welche Lehrerin mögt ihr am Liebsten? Wir mögen am liebsten Frau Fischer,

_____ die Englischlehrerin.

e) Welchen Lehrer magst du am Liebsten? Ich mag überhaupt keine Lehrer.

f) Welche Rockgroup findest du toll? Die Rolling Stones finde ich ganz toll.

gruppe

B 1/2 **3. Ergänze die Tabelle.**

Well done!

viel	mehr	am meisten
gern	lieber	am liebsten
hoch	höher	am höchsten
alt	älter	am ältesten
schnell	schneller	am schnellsten
gut	besser	am besten
teuer	teurer	am teuersten
dick	dicker	am dicksten
stark	stärker	am stärksten
laut	lauter	am lautesten

B 1/2 **4. Schreib Sätze.**

a) Gepard – Pferd *(schnell)*
  Ein Gepard ist schneller als ein Pferd.

b) Italien – Deutschland *(warm)*
  In Italien ist es wärmer als in Deutschland. ✓

c) Afrika – Europa *(groß)*
  Afrika ist größer als Europa ✓

d) Josef – Martin *(alt)*
  Josef ist älter als Martin. ✓

e) Fahrrad – Auto *(langsam)*
  Ein Fahrrad ist langsamer als ein Auto. ✓

f) Buch – Heft *(dick)*
  Ein Buch ist dicker als ein Heft. ✓

g) Helikopter – Auto *(teuer)*
  Ein Helikopter ist teurer als ein Auto. ✓

h) Köln – Berlin *(klein)*
  Köln ist kleiner als Berlin. ✓

5. Schreib Sprüche in dein Heft.

Lieber Sport am Sonntag als Mathe am Montag.
Lieber schmutzig und gesund als sauber und krank.
Lieber ... als ...

6. Schreib Sätze in dein Heft.

a) **hoch springen**

Peter:	1,40 Meter[1]
Alex:	1,50 Meter
Jochen:	1,60 Meter

b) **jung sein**

Werner:	17 Jahre
Helga:	16 Jahre
Markus:	14 Jahre

c) **weit springen**

Petra:	3,80 Meter
Claudia:	3,90 Meter
Veronika:	4,10 Meter

d) **schnell schwimmen**

Martha:	50 Meter in 52 Sekunden
Rosi:	50 Meter in 50 Sekunden
Britta:	50 Meter in 48 Sekunden

e) **viel schlafen**

Dieter:	10 Stunden
Norbert:	11 Stunden
Heiko:	13 Stunden

f) **gut sein in**

Traudi:	Note 3 in Mathe
Karl:	Note 2 in Mathe
Kurt:	Note 1 in Mathe

Schreib so:

Alex springt höher als Peter. Aber Jochen springt am höchsten.
Helga ist ...

[1] Lies: ein Meter vierzig.

7. Was passt zusammen?

1	Was kommt heute im Fernsehen?	a	Tennis.
2	Wen magst du lieber, Boris Becker oder Andre Agassi?	b	Ich finde Boris Becker besser.
		c	Ein Tennisspiel.
3	Spielst du gern Tennis?	d	Ich wette, Boris Becker.
4	Welchen Sport magst du am liebsten?	e	Ja, das ist mein Lieblingssport.
5	Wer gewinnt das Spiel?		

1	2	3	4	5
a, c				

Lektion 1

B 3/4 **8. Was kannst du noch sagen?**

a) Kommst du heute Abend zu Andreas?

1	Kommt heute Abend Andreas zu dir?
X	Bist du heute Abend bei Andreas?
3	Wann kommst du heute Abend zu Andreas?

b) Heute ist doch das Fußballspiel England gegen Spanien.

1	Heute Abend spielt doch ein Fußball in England gegen Spanien.
X	Heute Abend spielen doch England und Spanien Fußball.
3	Heute Abend spielt doch England gegen Spanien.

c) Ich wette, Spanien gewinnt.

1	Ich bin sicher, Spanien gewinnt.
2	Ich spiele mit Spanien um die Wette.
3	Ich finde, Spanien spielt besser.

d) England gewinnt gegen Spanien.

1	England spielt schlechter als Spanien.
2	England schießt mehr Tore als Spanien.
3	England spielt schneller als Spanien.

B 1–4 **9. Schreib fünf kleine Dialoge in dein Heft.**

Schau mal, Peter ist am besten. Bravo, Peter!

Komm, wir laufen um die Wette.

Was spielst du lieber, Fußball oder Handball?

Fährst du gern Schi?

Auf die Plätze, fertig, los!

Ach nein, du bist ja viel schneller als ich.

Nein, nicht so gern.

Du, wir spielen heute gegen die 6c Fußball.

Na ja, Fußball. Aber am liebsten spiele ich Tennis.

Ich weiß. Die gewinnen wieder. Die spielen einfach besser als wir.

B 1–4 **10. Ergänze: als – wie.**

a) Ein Elefant ist größer _als_ ein Pferd.

b) Tobias spielt besser Fußball _____ Alex.

c) Maria ist so alt _____ Petra.

d) Der Rhein ist länger _____ der Main.

e) Claudia kann genauso gut Schi fahren _wie_ Robert.

f) Peter hat mehr Brüder _als_ Schwestern.

g) Monika ist genauso gut in Mathe _wie_ Matthias.

h) Ich mag Margit lieber _als_ Cornelia.

11. Was kannst du noch sagen?

a) Kommt heute Sport im Fernsehen?

1	Schaust du Sport im Fernsehen an?
☒	Gibt es heute Sport im Fernsehen?
3	Magst du Sport im Fernsehen?

done orally

b) Ich schalte mal um.

1	Ich schaue mal, was im anderen Programm läuft.
2	Ich schaue den Fernseher an.
3	Ich schaue das Programm an.

c) Leichtathletik ist langweilig.

1	Leichtathletik ist zu lang.
2	Leichtathletik ist interessant.
☒	Leichtathletik ist uninteressant.

d) Heute gibt es einen Tierfilm.

1	Ich gebe dir einen Tierfilm.
☒	Heute kommt ein Tierfilm.
3	Es gibt Tierfilme.

e) Ich finde Krimis doof.

1	Ich mag Krimis.
2	Ich sehe nie Krimis.
☒	Krimis sind blöd.

f) Jugendsendungen sind viel interessanter.

1	Jugendsendungen sind viel langweiliger.
☒	Ich mag Jugendsendungen lieber.
3	Ich habe kein Interesse an Jugendsendungen.

12. Welche Antwort passt?

a) Wie findest du Leichtathletik?

1	Laufen, Springen, Werfen.
☒	Sehr interessant.
3	Auf dem Sportplatz.

done orally

b) Wann kommt das Kinderprogramm?

1	Im dritten Programm.
2	Im Fernsehen.
3	Um drei Uhr.

c) Was möchtest du sehen?

☒	Sport.
2	Fernsehen.
3	Programm.

d) Was kommt denn jetzt?

☒	Ein Western.
2	Claudia.
3	Ein Programm.

e) Magst du keine Abenteuerfilme?

1	Nein, sehr gern.
2	Ja, sehr gern.
☒	Doch, sehr gern.

f) Kommt jetzt nicht Sport?

1	Ja, im dritten Programm.
☒	Doch, im zweiten Programm.
3	Ja, gleich.

Lektion 1

C 2/3 **13. Ordne den Dialog.**

Schreib ihn in dein Heft.

	Ach nein, Fernsehen ist doch langweilig!
	Ach, ich kann nicht so gut Schach spielen.
	Dann spielen wir eben Tischtennis.
1	Schalt mal den Fernseher ein.
	Was möchtest du denn machen?
	Tischtennis? Oh, ja! Klasse!
	Komm, wir spielen Schach.

14. Ergänze: *nicht – kein / keinen / keine.*

a) Ich spiele _____ *nicht* _____ gern Tennis.

b) Magst du _____ Wurstbrot?

c) Florian hat _____ Fußball.

d) Ich mache heute die Hausaufgaben

_____ .

e) Hast du _____ Hausaufgaben?

f) Bernd schwimmt _____ so gut

wie Sigrid.

g) Möchtest du denn _____ mitkommen?

h) Meine Mutter hat heute _____ Zeit.

i) Hier ist doch _____ Spielplatz!

j) Hast du heute _____ Schule?

C 2/3 **15. Stell Fragen.**

a) *Magst du Tiere?* _____ Ja, ich mag Tiere.

b) _____ Doch, ich habe einen Hund.

c) _____ Nein, ich habe keine Lust.

d) _____ Ja, ich schwimme gern.

e) _____ Doch, der Western fängt gleich an.

f) _____ Doch, ich fahre sehr gern Schi.

g) _____ Nein, wir können nicht kommen.

C 2/3 **16. Antworte: *doch – ja.***

a) Magst du keine Tierfilme?   *Doch, ich mag Tierfilme gern.*

b) Siehst du nicht so gern fern?   Doch, ich siehst so gern fern.

c) Hast du einen Bruder?   Ja, ich habe einen Bruder.

d) Gehst du nie in die Schule?   Doch, ich gehe immer in die Schule.

e) Spielst du gern Tennis?   Ja, ich spiele gern Tennis.

f) Isst du nichts zum Frühstück?   Doch, ich esse etwas zum Frühstück.

g) Möchtest du einen Affen?   Ja, ich möchte einen Affen.

17. Schreib den Dialog.

● Mach mal den Fernseher an.
Jetzt kommt ein Western.

▲ *Aber* _____

_____

_____

● Tierfilme sind doch langweilig.
Western sind viel spannender!

▲ _____

_____

_____

● Na gut.
Wir schauen den Tierfilm an.
Später gibt es auch noch einen Western.

-3

18. Logical

Name	Holger	Gerhard	Peter	Martin	Jörg
Alter	15	13	14	17	16
Sport	Fußball	Eishockey	tennis	Leichtathletik	Schifahren
Lieblingsprogramm im Fernsehen	Krimis	Quizsendungen ✗	Western	Musiksendungen ✗	Tierfilme

① Holger ist 15 Jahre alt.

② Peter sieht am liebsten Western.

③ Gerhard spielt Eishockey.

④ Martin ist 17 Jahre alt und macht Leichtathletik.

⑤ Jörg spielt nicht Fußball.

⑥ Der Fußballspieler mag am liebsten Krimis.

⑦ Der 16jährige Junge fährt Schi und mag keine Western.

⑧ Der Eishockeyspieler ist nicht 14 Jahre alt und mag keine Tierfilme.

⑨ Martin und Jörg sehen nicht gern Musiksendungen.

⑩ Der Schifahrer mag Tierfilme.

a) Wer ist 13 Jahre alt?
    Gerhard

b) Wie heißt der Tennisspieler?
    Peter

c) Wer sieht am liebsten Quizsendungen?
    Gerhard ✗ Martin

A 1 **1. Bedeutung von *können*: A oder B?**

A nicht können = es geht (jetzt) nicht
B nicht können = nicht fähig/gut sein

Welche Bedeutung hat *können* hier? Schreib A oder B.

Ich kann heute nicht schwimmen.
Ich bin krank.

Er kann noch nicht Auto fahren.
Er lernt es gerade.

Er kann nicht Schi fahren.

Er kann nicht schreiben.

Er kann noch nicht gehen.

Sie kann nicht Tennis spielen.

Er kann nicht schwimmen.

Sie kann nicht fernsehen.

Dani kann nicht sprechen. Er ist erst ein Jahr alt.

Josef kann nicht laufen. Sein Bein tut weh.

Martin kann die Mathematikaufgabe nicht machen. Die Aufgabe ist so schwer.

2. Antworte: *ja – nein*.

a) Kannst du Rad fahren?

Ja, ich fahre gut Rad.

Nein, ich fahre nicht gut Rad.

b) Kannst du Tennis spielen?

Ja, ich spiele gern Tennis.

Nein, ich spiele Tennis nicht so gut. ✓

c) Kannst du Handball spielen?

Ja, ich spiele gern Handball.

Nein, ich spiele Handball nicht so gut. ✓

d) Kannst du schwimmen?

Ja, ich schwimme gut.

Nein, ich schwimme nicht gut.

3. Wie heißen die Körperteile?

der	das	die	die (Plural)
1 Kopf	8 Auge	13 Nase	17 Haare
2 Mund	9 Ohr	14 Schulter	
3 Hals	10 Gesicht	15 Brust	
4 Finger	11 Knie	16 Hand	
5 Arm	12 Bein		
6 Bauch			
7 Fuß			

Rucken (5)

schmal – narrow, slim

A 2 | **4. Was passt zusammen?**

Kreuze an (✗). ✓

	der Arm die Arme	das Bein die Beine	der Fuß die Füße	die Hand die Hände	das Auge die Augen	der Kopf	die Nase	der Mund	der Bauch
klein			✓	✓	✓	✓	✓	✓	✓
groß					✓	✓	✓	✓	✓
dick	✗	✓				✓			✓
schmal	✓	✓	✓	✓	✓	✓	✓	✓	✗
muskulös	✓	✓		✓	✓✗				
stark	✓	✓		✓					
breit	✓			✓			✓	✓	✓✗
kurz	✓	✓					✓		
lang	✓	✓					✓		
hübsch		✓		✓	✓	✓	✓	✓	

A 2 | **5. Schau die Bilder an.**

Schreib in dein Heft.

a) *Das ist Detlef Dickfuß.*
   Seine Arme sind …

b) *Das ist Isolde Schönbein.*
   Ihre Arme sind …

16

6. Ergänze in der richtigen Form: *sein – ihr*. A 2

a) Das ist Herr Fischer, und das ist ____sein____ Hund Lumpi.

b) Maria hat ____ihre____ Hausaufgaben vergessen.

c) Armin Weißenegger macht Bodybuilding. ____Seine____ Arme sind stark, und ____sein____ Bauch ist muskulös.

d) Peter findet ____seinen____ Füller nicht mehr.

e) Claudia hat ____ihren____ Füller zu Hause vergessen.

f) Wie sieht Tina aus? ____Ihr____ Gesicht ist ja ganz schmutzig.

g) Armin nimmt ____sein____ Fahrrad. Er besucht ____seine____ Freundin.

7. Ergänze die Tabelle. A 2 ✓

	das Buch	die Mappe	die Tasche	das Mäppchen	der Block	der Atlas	✓
Peter	sein Buch	seine Mappe	seine Tasche	sein Mäppchen	sein Block	sein Atlas	
Bettina	ihr Buch	ihre Mappe	ihre Tasche	ihr Mäppchen	ihr Block	ihr Atlas	✓

8. Ergänze. A 2

Sieh in der Tabelle (Aufgabe 7) nach.

a) Das ist Peter. Und das sind seine Sachen:

Das ist ____sein____ Buch, ____seine____ Mappe, ____seine Tasche____, ✓
____sein Mäppchen____, ____sein Block____ und ____sein Atlas____.
Peter hat heute Probleme in der Schule. Denn er hat ____sein____ Buch, ✓
____seine____ Mappe, ____seine Tasche____, ____sein Block Mäppchen____
____seinen Block,____ und ____seinen Atlas____ vergessen.

b) Schreib ebenso:

Das ist Bettina. Und das sind ihre Sachen: Das ...

_____

_____

_____

_____

Lektion 2

A 2   **9. Julias Pechtag**

Heute ist kein guter Tag! In der ersten Stunde haben wir Mathe, und ich habe mein Heft vergessen. In der Deutschstunde möchte der Lehrer meinen Aufsatz sehen. Aber mein Aufsatz ist zu Hause. Der Lehrer ist sauer, und ich bekomme meine erste Sechs in diesem Jahr. In der fünften Stunde haben wir Sport. Zuerst machen wir Gymnastik. Auf einmal tut mein Rücken so weh. Ich mache eine Pause. Dann spielt die Klasse Volleyball, und ich möchte natürlich auch mitmachen. Meinem Rücken geht es schon besser. Das Spiel macht Spaß. Aber dann passiert es: Ich springe hoch, Martin auch. Unsere Köpfe treffen zusammen! O je, mein Kopf tut so weh. Zum Glück kann ich bald nach Hause gehen. Heute kann ich meine Hausaufgaben nicht machen. Ich habe immer noch Kopfschmerzen.

a) Schreib Julias Bericht auf. Schreib so:

    Heute ist kein guter Tag! In der ersten Stunde haben sie Mathe, und Julia hat ihr ...

b) Schreib einen Bericht über Martins Tag: sein Mathebuch vergessen – Aufsatz bei Oma – bei der Gymnastik Bein weh – Volleyball ...

    Schreib so: *Heute ist ...   ... und Martin hat sein ...*

B 1/2   **10. Welche Antwort passt?**

a) Was ist denn los?

1	Mein Zahn tut so weh.
2	Nein, mein Zahn tut nicht weh.
3	Eins, zwei, drei, los!

b) Hast du Schmerzen?

1	Ja, meine Schmerzen tun weh.
2	Ja, ich habe keine Schmerzen.
3	Ja, mein Rücken tut weh.

c) Wo tut's denn weh?

1	Ich habe Schmerzen.
2	Ich habe Bauchschmerzen.
3	Ich habe einen Bauch.

d) Wie geht es dir?

1	Es geht ganz schnell.
2	Danke. Es geht schon besser.
3	Es geht los.

e) Was tut dir denn weh?

1	Mein Hals tut nicht weh.
2	Halsschmerzen.
3	Mein Hals.

f) Was hat er denn?

1	Ich weiß nicht.
2	Er hat etwas.
3	Er hat keine Schmerzen.

g) Tun deine Füße weh?

1	Nein, meine Füße tun weh.
2	Ja, ich laufe gern.
3	Ja. Ich kann nicht mehr laufen.

11. Ergänze. B 1–3

a) Ich kann nicht laufen.

Mein Bein tut so weh.

b) Er kann nicht schreiben.

S Meine Hand tut so weh.

c) Anna kann heute nicht singen.

Ihr Hals tut schmerzen tut so weh

d) Kannst du nichts essen? – Nein,

Mein Zahn tut so Weh.

e) Tobias kann nicht Fußball spielen.

Seine Schulter tut so weh.

f) Peter hört die Musik viel zu laut.

Seine Ohren tut so weh.

g) Mara kann jetzt keine Hausaufgaben machen.

Ihr Sie hat eine Kopfschmerzen

12. Was passt zusammen? B 1–4

1	Das Mittagessen war mir zu viel.		a	Es ist verstaucht.
2	Marcos Bein tut so weh.		b	Ich habe ja solche Kopfschmerzen!
3	Fabian muss ins Krankenhaus.		c	Jetzt ist mir schlecht.
4	Mein Kopf tut so weh.		d	Sie braucht eine Salbe.
5	Mir ist heiß und kalt.		e	Sein Arm ist gebrochen.
6	Marias Finger ist verstaucht.		f	Ich glaube, ich habe Fieber.

1	2	3	4	5	6
c					

13. Wie kannst du noch sagen? B 3–4

Make sure your possesive pronouns agree with antecedent in person

Mein Kopf tut weh.	Ich habe Kopfschmerzen ✓
S Mein Bauch tut weh	Er hat Bauchschmerzen.
Ihr Rücken tut weh.	SieDu hast Rückenschmerzen
Deine (Ihre) Ohren tut weh.	Du hast Ohrenschmerzen.
Sein Zahn tut weh.	E Du hast Zahnschmerzen.
Meine Hals tut weh.	Ich habe Halsschmerzen.

19

Lektion 2

B 6 **14. Stell Fragen.**

a) _____? – Danke, gut.

b) _____? – Ich habe Rückenschmerzen.

c) _____? – Ja, mir ist ganz heiß.

d) _____? – Nein, ich habe Halsschmerzen.

e) _____? – Mein Bein.

f) _____? – Ich glaube, mein Fuß ist gebrochen.

g) _____? – Meine Hand tut so weh.

B 1–6 **15. Udo fährt Schi.**

Schreib so:

Udo ist im Krankenhaus. Sein Bein ist … Er hat … _____

_____

_____

_____

_____

1. Ergänze die Tabelle. `A 2`

Präsens	Perfekt
ich lese	*ich habe gelesen*
du schreibst	du hast geschrieben
er fliegt	er hat geflogen
ihr seht fern	ihr habt ferngesehen
Wir arbeiten	wir haben gearbeitet
sie telefonieren	sie haben telefoniert
Sie geht	sie ist gegangen
Ich aufstehe	ich bin aufgestanden
du isst	du hast gegisst? gegessen
ihr seid	ihr geweset seid gewesen

er hat   du hast

2. Was passt zusammen? ✓ `A 2`

1	Wann bist du aufgestanden?
2	Wer ist gerade gekommen?
3	Welche CD hast du gekauft?
4	Wo bist du in den Ferien gewesen?
5	Warum hast du eine Sechs bekommen?
6	Wen hast du denn da fotografiert?

a	Die neue von Sabrina Setlur.
b	Ich bin in die Schweiz gefahren.
c	Um sieben Uhr.
d	Meinen Bruder.
e	Mein Freund Oliver.
f	Ich habe den Aufsatz vergessen.

1	2	3	4	5	6
c	e	a	b	f	d

3. Ergänze in der richtigen Form: *sein – haben*. ✓ `A 2`

a) __Bist__ du mit dem Rad gefahren? – Nein, ich __bin__ zu Fuß gegangen.

b) __Hast__ du Alfred gesehen? – Nein, ich __bin__ gar nicht dort gewesen.

c) __Habt__ ihr gestern den Film gesehen? – Nein, wir __haben__ gar nicht ferngesehen.

d) __Hat__ dein Bruder die Platte schon gehört? – Nein, ich glaube nicht. Er __hat__ den

ganzen Nachmittag Mathe gelernt.

e) __Hast__ du dein Zimmer schon aufgeräumt? – Nein, ich __habe__ Klavier geübt.

f) __Sind__ deine Eltern mit dem Zug gefahren? – Nein, sie __sind__ geflogen.

Lektion 3

4. Was hat Martina am Samstag gemacht?

um sieben Uhr
aufstehen

nach dem Frühstück
in die Stadt fahren

etwas für die Schule
einkaufen

in ein Café gehen
und Limonade trinken

nach dem Mittagessen auf
den Tennisplatz gehen
und mit Katja eine Stunde
lang Tennis spielen

nachher bei Katja Musik
hören und mit Katja reden

später ein bisschen
fernsehen

um sieben Uhr
ins Kino gehen

um halb zehn zu Hause sein,
gleich ins Bett gehen und noch
ein bisschen lesen

Schreib so:
Um sieben Uhr ist Martina ... Nach dem Frühstück ...

5. Welche Antwort passt?

a) Warum bist du so spät ins Bett gegangen?

1	Das Bett war so interessant.
2	Ich war so interessant.
✗	Der Film war so interessant.

d) Bist du heute um sechs Uhr aufgestanden? ✓

1	Ich bin aufgestanden.
2	Nein, ich bin um sechs Uhr aufgestanden.
3	Was? Ich stehe nie um sechs Uhr auf.

b) Ist deine Oma gekommen?

1	Ja, sie kommt morgen.
2	Nein, sie kommt erst morgen.
3	Nein, sie ist gekommen.

e) Wo wart ihr denn gestern?

1	Du warst zu Hause.
2	Ihr wart zu Hause.
3	Wir waren zu Hause.

c) Hast du eine Party gemacht?

1	Ja, am Samstag. Es war toll.
2	Ja, morgen. Es ist toll.
3	Nein, gestern. Es war langweilig.

f) Was hast du denn heute Nachmittag gemacht?

1	Ich habe Mathe gelernt.
2	Ich lerne Mathe.
3	Ich habe nichts.

6. Ergänze *sein* im Präteritum.

a) Ich _war_ am Freitag bei Tante Helga. Meine Großeltern ___waren___ auch da.

Am Nachmittag ___waren___ wir alle zusammen in einem Schülerkonzert.

Na ja, es ___war___ ziemlich langweilig.

b) ___Wart___ ihr schon mal in Hamburg? – Ja, wir ___waren___ an einem Wochenende dort.

Da ___waren___ wir im Musical „Cats". – Wie ___war___ das denn? –

Das ___war___ Spitze! Vor allem die Schauspieler ___waren___ super.

c) Wo ___warst___ du gestern Abend? – Ich ___war___ im BAP-Konzert. Das ___war___ ganz

toll.

d) Sag mal, wer ___war___ das denn? – Das ___war___ Julias Bruder. Er ___war___ ein Jahr in

Amerika.

Lektion 3

7. Das Rockkonzert

Die Gruppe Rocknacht ist da! Seit Wochen sind die Karten ausverkauft. Das Konzert fängt um 20.00 Uhr an. Aber schon um 19.00 Uhr sind fast alle Fans da.

Zuerst spielt noch die Gruppe „Die Hausmeister". Sie spielen vor der Pause. Und sie sind stark. Viele singen mit. Endlich ist Pause. Und dann kommen sie!

Rocknacht! Die Fans schreien[1] und klatschen[2]. Rocky, der Sänger, geht ans Mikro. Er begrüßt seine Fans. Wieder schreien und klatschen alle. Und dann singt die Gruppe ihre Hits. Die Fans singen mit, ganz laut. Manchmal hört man die Gruppe nicht mehr. Und dann wird es ganz dunkel in der Konzerthalle. Nur noch ein Spot ist an auf der Bühne.

Rocky singt den Superhit „Morgen wird alles anders". Auf einmal ist es ganz leise in der Halle. Viele Fans machen Feuerzeuge[3] und Kerzen[4] an. Dann gibt es wieder Applaus. Die Fans stehen auf und kommen an die Bühne.

Es ist ein wirklich toller Abend.

[1] schreien = laut rufen; Perfekt: ich habe geschrien

[2] klatschen = applaudieren   [3] das Feuerzeug   [4] die Kerze

Micky, Reporter bei Radio Omega, erzählt seinen Hörern:

Die Gruppe ROCKNACHT war da! Seit Wochen waren die Karten ausverkauft. Das Konzert hat um ...

Wie geht es weiter? Schreib auf.

8. Ein Tag mit deinem Star. A 1–4

Du kannst Fotos (Portraits) von dir und deinem Star aufkleben.

Ich habe einen Preis gewonnen. Einen Tag mit _____.

Um 9 Uhr bin ich in _____ angekommen. _____ hat auf mich

gewartet. Wir ...

Was hast du gemacht? Beschreibe den Tag. Verwende auch Adverbien wie *zuerst, dann, später, am Schluss*. Schreib in dein Heft.

9. Welche Musik ist das? A 6

a) Stefan spielt Gitarre, sogar in einer Band. Am liebsten mag er ▨__ __ __ __ __ __ __ __ __.

b) Jörg spielt Saxophon. Das passt am besten zu __ ▨ __ __.

c) Rebecca singt sehr gut, und sie mag klassische Musik. Deshalb mag sie auch __ ▨ __ __ __ gern.

d) Meine Oma mag immer noch Peter Kraus und die alten __ __ __ __ __ __ __ ▨.

e) Meine Tante Ida fährt immer in den Ferien nach Österreich. Deshalb mag sie

   __ ▨ __ __ __ __ __ __ __.

f) Paul mag Mozart, Beethoven und __ __ ▨ __ __ __ __ __ __ __ __ __ __ __ __überhaupt.

g) Mia spielt Geige, ihre Mutter auch und ihr Vater Bass. Sie machen oft

   ▨ __ __ __ __ __ __ __ __ __ __.

Falco hat ▨▨▨-▨▨▨▨ gemacht.

Lektion 3

A 6 10. Logical

Name	Martina	Christine	Heike	Julia	Sigrid	
Lieblingssänger	BAP			Setlur	Elvis...	
Hobby	Lesen				Tanzen, etc	
Instrument	Keil	Klavier	Setlur		Gitarre	
Musikstil		Klavier	Klassiche	Volks	Rock'n Roll	

① Martina mag am liebsten BAP.

② Christine spielt Klavier.

③ Heike hört gern klassische Musik, aber sie mag auch Sabrina Setlur sehr.

④ Sigrid hat viele Hobbys: Tanzen, Gitarre spielen und Musik hören,

⑤ vor allem Elvis Presley und Rock'n'Roll überhaupt.

⑥ Julia mag Falco gar nicht, aber sie hört gern Volksmusik.

⑦ Ein Mädchen hört gern Jazz und spielt Flöte.

⑧ Heike spielt nicht Klarinette.

⑨ Ein Mädchen spielt gar kein Instrument, aber es liest sehr gern.

⑩ Ein Mädchen spielt gern Fußball und hört gern Schlager.

⑪ Martina sieht nicht gern fern.

a) Wer mag Peter Maffay? _____

b) Wer fotografiert? _____

B 1 11. Schreib den Brief richtig in dein Heft.

Denk an die Großschreibung und an die Satzzeichen (. , ! ?).

LIEBERPETERGESTERNWARENWIRMITDERKLASSEIMKONZERTSIEHABENMOZARTGESPIELT
ICHHABEAMANFANGGARKEINELUSTGEHABTICHMAGKLASSISCHEMUSIKNICHTSOGERN
ABERDASKONZERTWARWIRKLICHSPITZENACHHERHABEICHGLEICHEINECDGEKAUFT
UNDSIEZUHAUSEANGEHÖRTJETZTMEINTMEINBRUDERICHBINVERRÜCKTABERDASISTMIREGAL
BISBALDUNDVIELEGRÜßEDEINMICHAEL

12. Informationen über Mozart `B 1`

Lies noch einmal das Interview im Buch auf Seite 34.

a) Beantworte die Fragen.

Wie heißt der Ehrengast? – _Wolfgang Amadeus Mozart_ ✓

Wann hat Mozart sein erstes Konzert gegeben? – _Er war sechs Jahren alt_ ✓

Wie viele Opern hat er geschrieben? – _10_ ✓

Was schreibt er gerade? – _die Oper "Così fan tutte."_ ✓

b) Schreib die Fragen.

Wie alt ist er? – 34 Jahre.

Wo hat er damals? gespielt – In Wien, München und Paris.

Wie viele Symphonien haben Sie eigentlich schon geschrieben? – 50 Symphonien.

Haben Sie Projecte für die Zukunft? – Die Oper „Die Zauberflöte". ✓

13. Michael Jackson – Kinderstar `B 1/2`

Viele Eltern möchten schon früh aus ihren Kindern Stars machen. Die Eltern schicken sie zu Agenturen. Sie müssen bei Shows im Fernsehen auftreten. Und die Eltern glauben: Mein Kind wird ein Star.

Die Familie Jackson aus Amerika hat fünf Kinder. Alle fünf singen sehr gut. Vater Jackson schickt seine Kinder auf die Bühne. Er ist auch ihr Manager.
Im Jahr 1963 treten die „Jackson five" zum ersten Mal auf. Da ist Michael gerade mal 5 Jahre alt. Bald sind die fünf aus Indiana berühmt.
Aber nach 9 Jahren macht Michael allein weiter. 1982 nimmt er sein Video „Thriller" auf. Darin spielt er ein Monster. Das ist toll. Aber noch toller ist die Musik. Er verkauft die Platte „Thriller" in Amerika 25 Millionen Mal. Dafür bekommt er Platin. Michael wird ein Superstar.
Zu seinen Konzerten kommen Tausende von Jugendlichen.

a) Stell Fragen zum Text: Woher? Wie viele? Was? Wer? Wie alt? Wann? Wie? Wie oft?
   Schreib die Fragen für deinen Partner auf.

b) Erzähl die Geschichte von Michael Jackson.

   Schreib so: *Die Familie Jackson aus Amerika hatte ... Alle fünf haben ...*

Lektion 4

A 1 1. **Was passt zusammen?**

1	Hier darf man nicht Rad fahren.		a	Ja, aber erst im Herbst.	✓
2	Darf ich bitten?		b	Er ist ja auch älter als du.	
3	Dürfen wir eine Klassenfahrt machen?		c	Nein, der kommt zu spät.	
4	Dürft ihr den Film denn schon sehen?		d	Oh, Entschuldigung.	
5	Immer darf Michael länger aufbleiben.		e	Nein, danke, ich tanze nicht.	
6	Darfst du heute Abend den Krimi sehen?		f	Natürlich nicht!	
7	Dürfen die Schüler heute früher nach Hause gehen?		g	Klar, wir sind doch schon sechzehn.	

1	2	3	4	5	6	7
d						

A 1 2. **Ergänze *dürfen* in der richtigen Form.**

a) Ihr _____dürft_____ im Mai eine Klassenfahrt machen. ✓

b) Papa, _____darf_____ ich heute Abend ins Kino gehen?

c) Warum _____darfst_____ du denn am Sonntag nicht mitkommen?

d) _____darf_____ man hier nicht schwimmen?

e) Wann _____dürfen_____ wir eine Radtour machen?

f) Die Schüler _____dürfen_____ heute früher nach Hause.

g) Karin _____darf_____ nicht lange aufbleiben.

A 1 3. **Suche drei Sätze.**

im A~~n~~m die Sonntag nach an darfst darf den heute

ich in fahren Du Disco See gehen

dürfen Wir Amerika fliegen Sommer

Schreib so:

Am _____

_____

_____

4. Schreib einen Dialog. **A 1**

- Andreas ruft Marion an.
- Er geht morgen Abend auf eine Party.
- Kann Marion mitkommen?
- Sie muss ihre Mutter fragen.
- Die Mutter sagt, Marion darf nicht mitgehen.
- Marion sagt das Andreas am Telefon.
- Sie möchte aber so gern auf die Party gehen.
- Sie sagt, sie fragt ihre Mutter noch einmal und ruft Andreas dann an.
- Jetzt sagt die Mutter doch ja.
- Marion ruft Andreas an.

a) Schreib das erste Telefongespräch. Schreib so:

Andreas: Hallo, Marion. Hier ist Andreas …

b) Schreib das zweite Telefongespräch. Was fragt Marion? Schreib so:

Wann …? Wo …? Was …? Wer …?

5. Ergänze in der richtigen Form: dürfen – können. **A 1**

a) *Kannst* du heute Abend kommen? – Nein, ich kann so spät nicht mehr weggehen.

b) Mama, warum darf ich nie länger aufbleiben? – Geh jetzt in dein Zimmer, du darfst kannst ? ja noch ein bisschen lesen.

c) Was ist denn mit dir los? Kannst darf du nicht tanzen gehen? – Doch, aber heute kann ich nicht. Mein Bein tut so weh.

d) Matthias kann im Sommer nach England fahren.

e) Claudia kann nicht auf die Party gehen. Sie hat keine Zeit.

f) Thomas und Bernd, seid ihr fertig? – Ja! – Gut, dann dürft ihr jetzt auch in die Pause gehen.

A 1

6. Ergänze die Tabelle.

ich	**du**	**er / es / sie**	**wir**	**ihr**	**sie** (Plural)
darf	darfst	darf	dürfen	*dürft*	dürfen
muss	musst	*muss*	müssen	müsst	müssen
kann	kannst	kann	können	könnt	*können*
möchte	möchtest	möchte	*möchten*	möchtet	möchten

Lektion 4

7. Ergänze.

Nominativ			Akkusativ		
einer	eins	eine	einen	eins	eine
meiner	meins	meine	meinen	meins	meine
keiner	keins	keine	keinen	keins	keine

a) Hast du noch einen Bleistift? – Nein, ich habe _____keinen_____ mehr.

b) Ist das dein Malkasten? – Ja, das ist _____meiner_____.

c) Leihst du mir eine Cassette? – Tut mir leid. Ich habe selber _____keine_____ mehr.

d) Wo ist denn nur der Farbstift? – Hier ist doch _____einer_____.

e) Hast du noch Tennisbälle? – Nur noch _____einen ?_____.

f) Hm, das Käsebrot ist gut. – Nimm doch noch _____eins_____.

g) Hast du keine Birnen mehr? – Doch, _____eine_____ noch. ?

h) Wie findest du das T-Shirt? – Spitze! Was kostet denn so _____eins_____?

i) Kannst du mir eine Patrone geben? – Nein, ich habe leider auch _____keine_____ mehr.

j) Darf ich ein Poster kaufen? – Ja, sicher. Kauf doch _____eines_____.

8. Ergänze.

Nominativ			Akkusativ		
ein	ein	eine	einen	ein	eine
kein	kein	keine	keinen	kein	keine
einer	eins	eine	einen	eins	eine
keiner	keins	keine	keinen	keins	keine

a) Leihst du mir _____einen_____ Kugelschreiber? – Tut mir Leid. Ich habe auch _____eins_____.

b) Ich möchte so gern _____einen_____ Poster von München. Aber ich finde _____keinen_____.

c) Hast du Cassetten von BAP? – Ja, klar. Ich leihe dir _____eine_____.

d) Oh, das ist _____ein_____ ? super Fahrrad! Toll! So _____einen_____ ? möchte ich auch haben.

e) Hast du _____ Taschenrechner? – Hier ist doch _____!

f) Was kostet _____einer_____ Bleistift? – _____ kostet vierzig Cent. Drei kosten einen Euro .

9. Ergänze: *ein / kein – einen / keinen – eine / keine – einer / keiner – eins / keins.* | **A 3** |

a) Ich brauche _____ Stuhl. – Hier ist doch _____ .

b) Papi, wir bekommen noch Taschengeld. – Was? Habt ihr denn diese Woche noch _____

bekommen?

c) Gibt es heute Fisch? – Nein, Opa kommt zum Essen. Der mag doch _____ .

d) Oh, das ist aber _____ super Poster. So _____ möchte ich auch haben.

e) Ich möchte zum Geburtstag _____ Torte. – Gut, ich mache dir _____ .

f) Entschuldigung, ich habe hier _____ Walkman vergessen. – Tut mir Leid, hier ist

_____ .

g) Möchtest du _____ Banane? – Nein danke, ich mag jetzt _____ .

h) Ist hier _____ Fernseher? – Doch, aber der ist kaputt.

10. Ein bisschen Mathe | **A 3** |

Bettina geht einkaufen. Hier ist ihr Einkaufszettel.

Ein Heft kostet vierundzwanzig Cent.

Ein Radiergummi kostet vierundsiebzig Cent.

Ein Spitzer kostet neunundvierzig Cent.

Ein Bleistift kostet dreiunddreißig Cent.

Ein Zeichenblock kostet zwei Euro siebzehn.

Patronen kosten einen Euro zehn.

Farbstifte kosten drei Euro vierundvierzig.

Ein Taschenbuch kostet vier Euro vierzig.

Bettina hat fünfundzwanzig Euro dabei.
Reicht das?

6 Hefte
2 Radiergummis
2 Spitzer
4 Bleistifte
1 Zeichenblock
1 Schachtel Patronen
1 Schachtel Farbstifte
3 Taschenbücher

B 1

11. Finde neun Instrumente.

A	G	N	F	L	Ö	T	E	J	Ä	K	P
S	C	H	L	A	G	Z	E	U	G	E	F
M	B	X	Ü	K	I	F	R	T	Z	Y	W
G	E	I	G	E	T	C	D	O	N	B	H
R	P	Ö	E	S	A	X	O	P	H	O	N
N	K	U	L	J	R	H	G	J	S	A	X
B	A	K	K	O	R	D	E	O	N	R	V
K	L	A	V	I	E	R	M	L	P	D	U

der _____   das _____

die _____   _____

_____   _____

_____   _____

B 1

12. Lesetext

a) Lies die Texte, und schau die Fotos an. Wer spielt was?

1	2	3	4
B			

Beate Späth [1]

18 Jahre

Saxophon spielen können wie Charly Parker in dem Film „Bird", Jazz-Klänge, die unter die Haut gehen – trifft das ungefähr deinen Musikgeschmack? „Sax war schon immer mein Trauminstrument. Ich spiele „Es-Sax" und Klarinette in unserem Blasorchester. Wenn ich zu Hause Musik höre, stehe ich aber mehr auf Funk oder die Instrumentalmusik von Mike Oldfield."

Vor zwei Jahren begann Beate, Einzelunterricht zu nehmen. Da sie schon Klarinette lernte, fand sie es sehr leicht, auf Sax umzusteigen. Besonders faszinierte sie die Big-Band, in der sie spielen sollte.

Geschwungener Rohrlauf, kompliziertes Klappensystem – bei guten Instrumenten muss man schon 800 Euro auf den Tisch blättern.

Das Blasorchester, in dem Beate spielt, nimmt Jugendliche ab acht Jahren auf, „sobald sie das Instrument halten können."

Claus Kisselbach [2]

16 Jahre

„Ich habe an einem Workshop der Musikschule teilgenommen. Da konnte man verschiedene Instrumente ausprobieren. Rhythmen haben mich schon immer fasziniert." So kam Claus zum Schlagzeug. „Man muss aber ziemlich lang üben, bis Hände und Füße unabhängig voneinander den Rhythmus angeben können", erinnert er sich.

Claus möchte später mal in einem Orchester spielen. Außerdem hat er vor kurzem eine eigene Band gegründet.

Schlagzeug wird an jeder Musikschule unterrichtet. Aber schaut euch vorher mal in eurer Schule oder der Nachbarschaft um, begeisterte Schlagzeuger unterrichten auch gerne. Ein neues Instrument kostet rund 1500 Euro.

Katharina Schnell [3]

18 Jahre

Katharina spielt Kontrabass. Ist das nicht ungewöhnlich für ein Mädchen? „Klavier hat mich unheimlich angeödet", meint sie. „Bei uns im Haus stand da mal ein Bass rum, und dann habe ich mit 14 Jahren angefangen, das Instrument zu lernen." Mit einer kleinen Hand ist das Greifen anstrengend, aber mit regelmäßigem Üben macht man schnell Fortschritte.

Ein anderes Instrument reizt Katharina nicht mehr. Sie hat ihre ganz große Liebe zum Kontrabass entdeckt. Ihr Eifer beweist es. Schon nach einem Jahr spielte sie in einem Orchester mit. Jetzt möchte sie es auch einmal mit Jazzmusik probieren.

Ihr Instrument hat 4000 Euro gekostet. „Wenn man nicht so einen Sperrholzbass für 600 Euro will", erklärt Katharina, „dann muss man schon so viel hinblättern."

Lektion 4

Jens Pflücker ④

16 Jahre

„Meine Eltern haben immer gedacht, ich wäre unmusikalisch", sagt Jens. Aber bei einem Konzert, bei dem sein Bruder mitspielte, hat es dann gefunkt. Er hörte ein Horn und wusste: „Das will ich jetzt lernen." Jens hat schon mit acht Jahren mit dem Unterricht begonnen. Das normale Einstiegsalter liegt bei zehn bis zwölf Jahren.

„Man braucht viel Luft, und eine kleine Lunge ist ungünstig, wenn man Horn lernen will", erklärt Jens. „Aber aus einem Horn einen Ton rauszukriegen, schafft fast jeder." Schon Tonleitern und Dreiklänge sind anfangs ein Erfolgserlebnis.

Die untere Preisgrenze für ein neues Horn liegt bei 750 Euro.

(Aus: Junge Zeit, Heft 12, 1988, S. 44–45)

b) Lies die Texte noch einmal. Sie sind nicht ganz einfach. Du meinst, du kannst nur wenig verstehen? Aber nein! Nimm ein Lineal und einen Bleistift und unterstreiche alles, was du verstehst. Du wirst sehen, du verstehst viel!

c) Lies die Texte noch einmal, und mach eine Tabelle in dein Heft:

Name	Welches Instrument spielt er / sie?	Warum hat er / sie angefangen? Wie alt war er / sie?	Wie und wo hat er / sie angefangen?	Wo spielt er / sie jetzt?	Was kostet das Instrument?
Beate					

13. Ergänze in der richtigen Form: *unser – euer*.   B 3

a) Ist das ___eure___ Schule? – Ja. Und _____ Klassenzimmer ist dort oben.

b) Wo habt ihr denn _____ Schultaschen? – In der Schule. Wir haben heute keine Haus-

   aufgaben. _____ Lehrerin ist krank.

c) Schau mal, das ist _____ Klassenfoto. – Aha! Und das? Ist das _____ Lehrer?

d) Wo habt ihr denn _____ Hund heute? – Ach, _____ Hund? Der ist zu Hause.

e) Wann fangen _____ Ferien an? – _____ Ferien? Warte mal. Am 15. Juli.

f) Ihr müsst _____ Zimmer aufräumen. – Sag das doch Kirsten! Die räumt nie _____

   Zimmer auf.

g) Kennst du denn _____ Schwester nicht? – _____ Schwester? Nein, ich glaube nicht.

h) Mama, wir finden _____ Cassettenrecorder nicht mehr. – Dann räumt doch endlich mal

   _____ Sachen auf. Dann findet ihr ihn auch.

Lektion 4

B 4 **14. Stell Fragen.**

a) *Warum* _____ Weil heute Sonntag ist.

b) _____ Weil ich Bauchschmerzen habe.

c) _____ Weil er krank ist.

d) _____ Weil ich lernen muss.

e) _____ Weil ich keine Lust habe.

f) _____ Weil wir am Samstag weggefahren sind.

B 4 **15. Schreib die Antwort zu einem Weil-Satz um.**

a) Warum geht Margit ins Bett? *(Sie ist müde.)*
   Weil sie müde ist. _____

b) Warum sieht Martin nicht fern? *(Heute kommt kein Jugendprogramm.)*

   _____

c) Warum kaufst du keine Zeitung? *(Ich habe kein Geld.)*

   _____

d) Warum geht Claudia nicht weg? *(Sie darf nicht.)*

   _____

e) Warum übt Katja nicht Klavier? *(Sie hat keine Lust.)*

   _____

f) Warum macht Jens die Musik leiser? *(Seine Schwester muss lernen.)*

   _____

g) Warum darf ich nicht aufbleiben? *(Du musst morgen früh aufstehen.)*

   _____

B 4 **16. Suche drei Warum-Fragen und drei Weil-Antworten.**

Schreib sie in dein Heft.

habe		bist		keine		ist	machst ich
	Warum		müde		Warum	krank	ihr
Hausaufgaben		keine	Weil	Kopfschmerzen	Lehrer	ich	habt Weil
nicht		Schule		du			Weil
du			zu		unser	gekommen	war warum

Auf einen Blick

1. Ein Leistungssportler

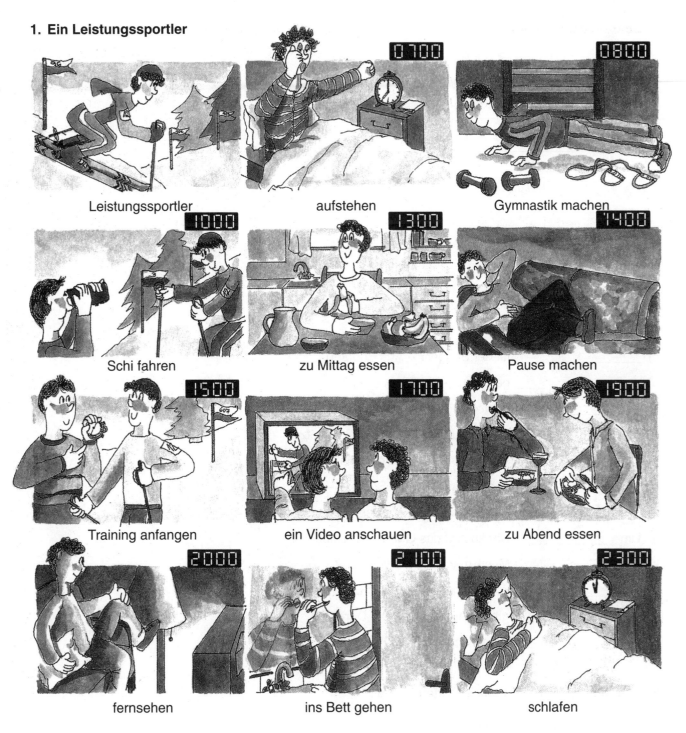

Leistungssportler   aufstehen   Gymnastik machen

Schi fahren   zu Mittag essen   Pause machen

Training anfangen   ein Video anschauen   zu Abend essen

fernsehen   ins Bett gehen   schlafen

Schreib so: *Er ist Leistungssportler. Um 7.00 Uhr steht er auf. Um ...*

2. Schreib einen Text in dein Heft.

Fast jedes Jahr gibt es eine neue Sportart:

Inline skaten   *Squash*   *Snowboarden*   *Skateboarden*   *Paragliden*   *Rafting*

Kannst du eine Sportart erfinden? Ja?
Gut, dann beschreibe deine Sportart. Sie kann auch lustig sein.

Wiederholungsübungen

3. Schreib ein Interview.

Du triffst deinen Lieblingssportler.
Frag so: *Wie lange musst du trainieren? Wann ...? Wohin ...? Wo ...?*

4. Ergänze.

wo	welche	~~wer~~	was	wohin	woher	wie viel	wen
wie	wie	warum		wann		wo	was

a) <u>Wer</u> kommt heute Nachmittag? – Mein Freund.

b) _____ ist Papi? – In Köln.

c) _____ ist der Sänger? – Aus England.

d) _____ gehst du? – Ins Kino.

e) _____ schreibst du da? – Einen Brief.

f) _____ findest du die Rockgruppe? – Spitze!

g) _____ ist das Konzert? – Am Samstag.

h) _____ gehst du nicht in die Schule? – Ich bin krank.

i) _____ triffst du heute? – Meinen Freund.

j) Um _____ Uhr kommt das Quiz? – Um sieben Uhr.

k) _____ Musik magst du am liebsten? – Klassische Musik.

l) _____ kostet eine CD? – Neun Euro achtzig.

m) _____ gibt es hier ein Café? – Dort.

n) _____ alt ist Michael? – Fünfzehn.

5. Schreib die Sätze in die passenden Raster.

Jeweils ein Beispiel steht schon da.

a) Ich möchte heute ins Kino gehen.
b) Um 9 Uhr muss Jochen ins Bett gehen.
c) Am Nachmittag mache ich Hausaufgaben.
d) Wir haben einen Tanzkurs gemacht.
e) Im Sommer möchte Oliver eine Band gründen.
f) Vater liest am Morgen die Zeitung.

g) Julia darf Klavier spielen.
h) Wir sind am Samstag zu Oma gefahren.
i) Jürgen schreibt am Montag eine Klassenarbeit.
j) Am Samstag treffen sie Freunde.
k) Heute ist Maria zu Hause geblieben.
l) Gestern habe ich einen Film gesehen.

1.

Subjekt	Verb	Objekt	Verb	
Monika	hat	eine CD	gekauft.	

2.

Subjekt	Verb	Zeit	Objekt	
Conny	hört	gerade	eine Cassette.	

3.

Subjekt	Verb	Zeit	Ort	Verb
Klaus	ist	gestern	ins Konzert	gegangen.

4.

Zeit	Verb	Subjekt	Objekt	
Morgen	schreiben	wir	eine Mathearbeit.	

5.

Zeit	Verb	Subjekt	Objekt	Verb
Heute	müssen	wir	einen Aufsatz	schreiben.

6.

Zeit	Verb	Subjekt	Ort	Verb
In den Ferien	will	ich	nach Österreich	fahren.

Grammatik

1. Steigerung

Ergänze die Tabelle.

Positiv	Komparativ	Superlativ
klein	klein-er	am klein-sten
schnell	_____	_____

So bildet man die Steigerung: Adjektiv + *er*   ▢▢▢▢ + Adjektiv + ▢▢▢▢

stark	stärker	am stärksten

alt	*älter*	am ältesten
kurz	_____	am _____
groß	_____	am _____ten

So bildet man die Steigerung: Adjektiv mit Umlaut + ▢▢▢▢   ▢▢▢▢ + ▢▢▢▢ + ▢▢▢▢

2. *sein – ihr*

Zeichne von jedem Besitzer zu jedem Tier Linien.
Vom Mann: blau; vom Kind: grün; von der Frau: rot

	Maskulinum	**Neutrum**	**Femininum**
Besitzer:	Mann	Kind	Frau

Besitz: Hund   Pferd   Katze

Ergänze die Endungen.

Das ist ein Mann.
Und das ist sein Hund,   sein Pferd,   seine Katze.
Er mag   sein*en* Hund,   _____ Pferd,   _____ Katze.

Das ist ein Kind.
Und das ist sein Hund,   sein Pferd,   seine Katze.
Es mag   sein__ Hund,   _____ Pferd,   _____ Katze.

Das ist eine Frau.
Und das ist ihr Hund,   ihr Pferd,   ihre Katze.
Sie mag   ihr__ Hund,   _____ Pferd,   _____ Katze.

Themenkreis 1

3. Perfekt

a) *sein* oder *haben*

Ergänze die Sätze.

Ich _____ gelaufen.   Du _____ gelernt.

Jan _____ gekommen.   Ihr _____ gekocht.

Wir _____ gefahren.   Die Kinder _____ gespielt.

```
┌─────────────────────────────┐   ┌─────────────────────────────┐
│ Alle Verben der Bewegung    │   │ Alle anderen Verben         │
│ ▭▭▭▭▭ + Partizip            │   │ ▭▭▭▭▭ + Partizip            │
└─────────────────────────────┘   └─────────────────────────────┘
```

b) Wie bildet man das Partizip?

Ergänze das Partizip.   So bildet man das Partizip Perfekt.

<u>regelmäßig</u>
lernen   –   gelernt
spielen –   gespielt

oder:

kommen – ge_____
lesen   – _____

<u>mit Vorsilbe:</u>
verkaufen – verkauft
bekommen – _____
vergessen – _____

<u>trennbar:</u>
einkaufen – eingekauft
fernsehen – _____
aufräumen – _____

<u>-ieren</u>
telefonieren – telefoniert
fotografieren – _____

4. Weil-Satz

Warum übst du nicht Klavier?   Ich habe keine Lust.
▭ ▭**X**▭ ▭
Weil ich keine Lust habe.
▭ ▭ ▭ ▭ **X**

Warum gehst du so langsam?   Ich bin müde.
▭ ▭ ▭
Weil ich müde bin.
▭ ▭ ▭ ▭

Im Hauptsatz steht das Verb (kreuze an): ▭ ▭**X**▭ ▭
Im Weil-Satz steht das Verb (kreuze an): ▭ ▭ ▭ ▭

TIPP:
Lies die Überschrift und überlege:
Worum geht es im Text? Das hilft
beim Verstehen.

Laute Eltern

Katrins Mutter ist genervt. Den ganzen Nachmittag dröhnt Musik aus Katrins Zimmer.
„Mach doch bitte ein bisschen leiser", sagt Katrins Mutter. Katrin verdreht die Augen.
„Oh, Mensch. Diese Musik kann man nicht leise hören. In diesem Haus darf man wirk-
5 lich nur noch flüstern! Du bist richtig spießig, Mama." Katrins Mutter wird laut: „Ich bin
nicht spießig! Ich will nur eine Stunde lang etwas Ruhe haben. Ich nehme doch auch
Rücksicht auf dich!" „Dann lass das doch", ruft Katrin. „Mach doch endlich auch mal,
was du willst!"
Katrins Mutter knallt die Tür zu. Sie geht zum Telefon und ruft Tobias' Mutter an.
10 „Ich halte das nicht mehr aus mit Katrin", sagt sie zu ihr. „Sie ist so rücksichtslos."
Tobias' Mutter lacht. „Das kenne ich", sagt sie. „Tobias übt den ganzen Tag Gitarre. Und
wenn er nicht Gitarre übt, dann hört er Hardrock. Ich habe keine ruhige Minute mehr."
„Hör mal", sagt Katrins Mutter. „Ich weiß was …"

Am nächsten Tag kommt Katrin aus der Schule. „Mann, hab' ich einen Hunger!", ruft sie.
15 „Was gibt es denn zu essen?" Katrins Mutter sitzt gemütlich im Wohnzimmer und liest.
„Gar nichts", sagt sie. „Ich mag heute nicht kochen." Katrin wundert sich. Naja, dann isst
sie heute eben nur einen Joghurt. Danach geht sie in ihr Zimmer. Sie will Hausaufgaben
machen. Plötzlich dröhnt Musik durch die Wohnung. Katrin läuft ins Wohnzimmer. Ihre
Mutter hat die Anlage voll aufgedreht. Sie hört die Stones. „Klasse Musik, was?", brüllt
20 sie. Katrin dreht leiser. „Ich muss Hausaufgaben machen", sagt sie. Die Mutter dreht die
Musik wieder laut. „Das tut mir Leid", sagt sie zu Katrin.
Katrin geht wieder in ihr Zimmer. Aber sie kann sich nicht konzentrieren. Schließlich
gibt sie es auf und besucht Tobias.

Bei Tobias ist es auch nicht ruhig. Seine Eltern sind früher von der Arbeit nach Hause
25 gekommen. Sie schleppen viele Pakete ins Haus. Im Wohnzimmer werden sie
ausgepackt. „Ein Schlagzeug!", ruft Tobias. „Das ist ja cool!" Tobias' Vater freut sich.
„Das wollte ich schon immer haben", sagt der Vater. „Aber ich dachte immer, es ist euch
zu laut." Papa baut das Schlagzeug zusammen und legt los. Er spielt gar nicht so
schlecht. Man kann sich allerdings im ganzen Haus nicht unterhalten, so laut ist es.

30 Heute machen Tobias und Katrin keine Hausaufgaben.
Und am nächsten Tag auch nicht. Sie haben einfach keine Ruhe mehr. Die ganze Woche
geht das so.
Katrin und Tobias haben nur noch einen Wunsch: altmodische, ruhige Eltern.

Sylvia Heinlein

a) Lies die Überschrift. Worum geht es in der Geschichte? Was glaubst du?
b) Unterstreiche im Text alles, was du verstehst.
c) Welche Überschrift passt zu den Textabschnitten? Ordne zu.

Zeile 2–13 ☐ [a] Katrins Mutter ist rücksichtslos.
Zeile 14–23 ☐ [b] Katrin und Tobias ist es egal, was die Eltern sagen.
Zeile 24–29 ☐ [c] Katrin und Tobias haben ein Problem.
Zeile 30–33 ☐ [d] Tobias' Vater hat ein neues Hobby.

1. Die Umlaute ö – ü – ä

Bei der Steigerung wird oft aus

o	→	ö	u	→	ü	a	→	ä
hoch		*höher*	kurz		_____	lang		_____
groß		_____	jung		_____	alt		_____

Auch beim Plural wird oft aus

o	→	ö	u	→	ü	a	→	ä
Block		*Blöcke*	Buch		_____	Blatt		_____
Kloß		_____	Bruder		_____	Zahn		_____

Lies deinem Partner die Wörter vor. Korrigiert euch gegenseitig.
Denk an die richtige Aussprache!

2. Lange Vokale

a) das **h** im Wort

Lies die Wörter laut und schreib den langen Vokal farbig nach.

Zahn – Zähne – Ohr – weh – ihr – erzähle – geht – sehr – fahren – Uhr – Sahne – Bohnen – Lehrer – wohnen – zehn – Fahrrad – ihn – nehmen – Fernsehprogramm – Föhn –

b) Doppelvokal

Lies die Wörter laut. Schreib sie dann in die richtigen Spalten.

Haare – Meer – Tee – Boot – Kaffee – Zoo – Ostsee – doof – Schnee

aa	ee	oo
_____	_____	_____
_____	_____	_____
_____	_____	_____

c) das lange **i** → **ie**

Lies die Wörter laut und unterstreiche das **ie**.

sie – spielen – Knie – nie – wie – Liebesfilm – hier – die – fliegen – lieber – liest – Schauspieler – viel – Viertel – vier – sieben – Dienstag – Brief – Illustrierte – Radiergummi

Phonetik

3. Betonung

a) Lies die Verben laut und unterstreiche die betonte Silbe.

b) Lies die Partizipien laut und unterstreiche die betonte Silbe.

a)	b)
k<u>au</u>fen	gek<u>au</u>ft
zeichnen	gezeichnet
arbeiten	gearbeitet
kommen	gekommen
telefonieren	telefoniert
fotografieren	fotografiert
verkaufen	verkauft
vergessen	vergessen
bekommen	bekommen
beginnen	begonnen
aufstehen	aufgestanden
fernsehen	ferngesehen
anfangen	angefangen
einkaufen	eingekauft

Vergleiche die unterstrichenen Silben der Wörter in Spalte a und b.

Im Partizip sind die ▭ Silben betont wie im Infinitiv.

4. Diphthonge

a) **ei**

⚠ Erinnere dich: Man schreibt ▭, aber man spricht **ai**.

Lies die Wörter laut und unterstreiche **ei**.

> nein – meine – keins – zwei – eins – dein – Leichtathletik – klein – langweilig – zeichnen – steigen – schreiben – sein – drei – heiß – weiß – Bein – reiten – Fleisch – Schweinebraten – Frankreich – arbeiten – Bleistift – Geige

b) **eu**

⚠ Erinnere dich: Man schreibt ▭, aber man spricht **oi**.

Setz **eu** ein und lies dann die Wörter deinem Partner vor.

____er – Fr____nd – n____ – h____te – D____tsch – n____n – L____te – ____re – Fr____ndin

Test A   Was ist richtig?

1. ● Spielst du nicht gern Tennis?
   ■ _____, ich finde Tennis super.

X9	Doch
17	Ja
31	Nein

2. _____ Sport findest du gut?

24	Welche
7	Welchen
27	Welcher

3. Anne spielt _____ Gitarre als Valentin.

2	am besten
18	besser
33	gut

4. Lea ist drei, Rita ist vier, und Heiner ist fünf. Er ist _____.

30	älter
14	alt
1	am ältesten

5. Ich bin _____ als du.

11	am größten
15	größer
26	groß

6. ● Wollen wir Rad fahren?
   ■ _____, heute nicht.

35	Doch
20	Ja
4	Nein

7. Luis läuft genauso schnell _____ Peter.

6	als
29	am
21	wie

8. _____ Buch magst du am liebsten?

34	Welche
23	Welcher
8	Welches

9. ● Möchtest du Saft?
   ■ _____ gern, danke.

16	Doch
10	Ja
25	Nein

10. Tanja ist stärker _____ Tom.

3	als
13	am
28	wie

11. Ich höre Rockmusik genauso _____ wie Popmusik.

12	am liebsten
19	gern
32	lieber

12. _____ Hobbys hast du?

5	Welche
22	Welchen
36	Welches

Lösungssumme: 120

Test Lektion 1

Test B   Setz das richtige Wort ein.

anstrengend 3 ◆ bitte 1 ◆ Sport 8 ◆ Doch 5 ◆ interessanter 10 ◆ Fußball 7 ◆ Fernsehen 4 ◆ langweilig 9 ◆ Nein 2

● Du, jetzt kommt Fußball im *Fernsehen* (a).

■ Ich weiß. Aber das ist heute so _____ (b).

Ich schaue gerade ein Quiz an, das ist viel _____ (c).

● Wie _____ (d)? Ich denke, du magst _____ (e).

Siehst du nicht mehr gern _____ (f)?

■ _____ (g). Aber heute nicht. Das Quiz ist so spannend. Hast du keine Lust?

● _____ (h). So viele Fragen. Das ist mir zu _____ (i).

Das ist ja wie in der Schule.

Lösung:

$$\frac{a + b - c + d + e - f + g + h + i}{4 +} = 15$$

Test C   Welche Sportarten sind das?

1 R E I T E N

2

3

4

5

6

Lösungswort: T _ _ _ _ _ _

Test A   Was ist richtig?

1. Hallo, Herr Bauer. Sie haben _____ Schlüssel verloren!

9	ihre
17	Ihren
31	seinen

2. Peter ist krank. Er_____ heute nicht kommen.

7	kann
24	weiß
27	muss

3. Au, meine _____ tut so weh!

2	Hand
18	Kopf
33	Ohr

4. ● Was ist mit Anna los?
   ■ _____ Bauch tut weh.

6	Ihr
21	Ihre
29	Sein

5. Wann _____ Sie kommen?

11	kann
15	können
26	könnt

6. Wie findest du Tom? Ich finde _____ Bauch zu dick.

4	ihren
20	sein
35	seinen

7. Leon, _____ du tanzen?

1	musst
14	kannst
30	bist

8. Ich finde Elena toll, _____ Haare sind so lang.

8	ihre
23	Ihre
34	seine

9. Guten Tag, Herr Doktor, mein _____ tut so weh!

10	Brust
16	Hals
25	Nase

10. Anton ist attraktiv. _____ Augen sind so schön.

3	Ihre
13	Sein
28	Seine

Lösungssumme: 148

Test Lektion 2

Test B   Setz das richtige Wort ein.

Seine 3 ◆ Augen 8 ◆ attraktiv 6 ◆ Hals 9 ◆ kann 2 ◆ Beine 5 ◆ Nase 7 ◆ sein 4
◆ kannst 1 ◆ breit 10

● Wie findest du eigentlich Kevin?

■ Ganz toll. _____ (a) Schultern sind so _____ (b) und seine

_____ (c) sind so muskulös. Und er _____ (d) sehr gut boxen.

● Na ja. Aber sieh mal sein Gesicht an: Seine _____ (e) ist doch viel zu lang,

sein _____ (f) ist zu kurz und _____ (g) Mund ist zu groß.

■ Ja und? Ich finde ihn eben _____ (h): Seine _____ (i) sind

so romantisch!

● Oh je!

■ Ich finde ihn eben toll! _____ (j) du das nicht verstehen?

Lösung:

$$\boxed{a + b - c + d - e + f - g - h + i + j} = 11$$

Test C   Wie heißen die Körperteile?

1 Sie hat fünf Finger und ist manchmal schmutzig.
   Richtig: die XX.
2 Mein XX tut so weh. Ich kann heute nicht rechnen.
3 Klaus kann nicht an der Rock`n`Roll-Meisterschaft
   teilnehmen.
   Sein XX ist gebrochen.
4 Jan mag Susi sehr gern. Wenn sie ihn anschaut,
   bekommt er ganz rote XX.
5 Die Schuhe passen ihm nicht. Seine XX sind
   zu groß.
6 Ihre XX sind lang und blond.
7 Sie ist das schönste Mädchen in der
   Klasse. Ihr XX ist so freundlich und nett.
8 Superman ist sehr stark und hat breite XX.
9 Wer ist das? Er ist schwarz, klein, lieb und
   hat einen dicken XX. Richtig: der Hund von
   Herrn Weese.
10 Wer hat die schönsten blauen XX?
   Natürlich Susi.

Lösungswort: Wir treffen uns am _D_ __ __ __ __ __ __ __ __ __ __

Test Lektion 3

Test A   Was ist richtig?

1. Wo _____ Beate und Lena gestern?

9	war
17	waren
31	wart

2. Hast du schon _____?

7	telefonieren
24	telefonierst
27	telefoniert

3. Oh entschuldige, das habe ich _____.

10	vergesse
16	vergisst
25	vergessen

4. Ich habe einen Brief _____.

6	schreibe
21	schreiben
29	geschrieben

5. Wann hast du meinen Bruder _____?

11	getroffen
15	treffen
26	triffst

6. Ich habe gestern _____.

5	eingekauft
22	einkaufen
36	kaufe ein

7. Wann bist du _____?

1	aufstehen
14	aufgestanden
30	stehst auf

8. Wir haben drei Jahre in London _____.

8	wohnen
23	wohnt
34	gewohnt

9. _____ ihr am Wochenende ins Kino gegangen?

2	Habt
18	Seid
33	Sind

10. In den Ferien _____ wir nach Spanien geflogen.

3	haben
13	sind
28	waren

11. Luisa _____ meinen Stift genommen.

12	hat
19	ist
32	nimmt

12. Herr Meier _____ gestern nach Köln gefahren.

4	hat
20	sein
35	ist

Lösungssumme: 240

Themenkreis 1

47

Test Lektion 3

Test B Setz das richtige Wort ein.

warst 9 ◆ gesagt 1 ◆ angerufen 7 ◆ habe 5 ◆ gewartet 8 ◆ bin 3 ◆ verabredet 4
◆ gemacht 2 ◆ angesehen 6

● Sag mal, wo _____ (a) du denn gestern?

■ Warum? Ich habe meine Hausaufgaben _____ (b) und dann

_____ (c) ich zu Lisa gefahren. Wir haben einen Videofilm _____ (d).

● Aber wir waren doch _____ (e). Ich habe eine halbe Stunde lang

_____ (f). Dann habe ich bei dir _____ (g) aber du warst

nicht da.

■ Oh entschuldige, das _____ (h) ich ganz vergessen. Wir treffen uns morgen.

● Nein, nein. Das hast du gestern auch _____ (i). Ich gehe morgen mit Peter ins Kino.

Lösung:

a − b − c + d − e + f − g − h − i	= 1

Test C Ordne den Dialog: a–h.

	2	Oh, das tut mir Leid. Das habe ich ganz vergessen.
	6	Ich war zu Hause. Warum?
	7	Ich habe ferngesehen und Briefe geschrieben.
	4	So lala. Sag mal, wo warst du denn gestern?
	1	Ah, hallo Torsten. Mir geht es gut, und dir?
	8	Aber wir waren doch verabredet! Ich habe eine Stunde auf dich gewartet.
a	5	Hallo Petra! Wie geht's?
	3	Was hast du denn zu Hause gemacht?

Lösung:

a + b + c + d − e + f + g + h	= 30
5 +	

Test A   Was ist richtig?

1. Luisa und Antonio, sind das _____ Fahrräder?

9	eure
17	ihre
31	unsere

2. Warum _____ ihr nicht ins Kino gehen?

7	darf
24	darfst
27	dürft

3. ● Hast du mein Buch?
   ■ Nein, ich habe nur _____.

2	deins
18	keins
33	meins

4. Wir können nicht Rad fahren, weil
   _____.

6	es heute regnet
21	heute regnet es
29	regnet es heute

5. Das ist _____ Hund.

11	unser
15	unsere
26	unseren

6. ● Hast du jetzt genug CDs?
   ■ Nein, ich brauche noch
      _____.

11	eine
15	keine
26	welche

7. ● Gibt es hier keine Gitarre?
   ■ Doch, hier ist _____.

1	eine
14	keine
30	welche

8. Das ist Onkel Max. Wie findest du _____ Onkel?

8	euren
23	ihren
34	unseren

9. Ich _____ heute nicht ausgehen.

10	darf
16	dürfen
25	dürft

10. Habt ihr schon wieder _____ Hefte vergessen?

3	euer
13	eure
28	euren

11. ● Gibst du mir deinen Spitzer?
    ■ Tut mir Leid, ich habe _____.

12	einen
19	keinen
32	meinen

12. ● Ich muss zu Hause bleiben, weil
    _____
    _____.

5	ich Hausaufgaben muss machen
22	ich Hausaufgaben machen muss
36	muss ich Hausaufgaben machen

Lösungssumme: 211

Test Lektion 4

Test B Setz das richtige Wort ein.

unsere 2 ◆ keine 9 ◆ weil 7 ◆ meine 10 ◆ keinen 5 ◆ welche 8 ◆ kann 4 ◆ meiner 1 ◆
der 6 ◆ seinen 3 ◆ ihre 11

Hannover, den 16. April 20_ _

Lieber Jakob,

wie geht es dir? Mir geht es im Moment mal so, mal so. Heute Abend ist Disco in _____ (a)
Schule. Aber ich kann nicht hingehen, _____ (b) ich krank bin.
Das ist blöd.
Dafür hat mir mein Vater _____ (c) alten CD-Player geschenkt. Ich hatte doch _____ (d)
mehr, _____ (e) ist doch kaputt. Jetzt kann ich endlich wieder _____ (f) CDs hören.
Das ist gut.
Am Freitag ist ein BAP-Konzert in der Olympia-Halle. Ich habe noch _____ (g) Karte, aber
ich hoffe, es gibt noch _____ (h). Wenn ich am Freitag noch krank bin, _____ (i) ich
aber wohl nicht hingehen. Das ist blöd.
Aber am Sonntag kommt Steffi zu mir. Sie bringt _____ (j) neue E-Gitarre mit. Dann üben
wir zusammen das neue Stück für _____ (k) Band. Das ist wieder gut.

Also, bis bald.
Dein Paul

Lösung: $\boxed{a + b - c - d - e + f - g + h + i - j - k}$ = 4

Test C Wie heißen die Instrumente?

Ak — board — de — Flü — Gei — ge — gel — Gi — Key — kor — on — phon — re — Sa —
Schlag — tar — xo — zeug

1 _K e y b o a r d_   2 _____   3 _____

4 _____   5 _____   6 _____

7 _____

Lösungswort:
Wer kennt nicht die _B_ _____ ?

Was fällt dir dazu ein? Schreib auf.

zu Hause

Familie, Frühstück,
_____
_____
_____
Hausaufgaben machen, essen,
_____
_____

Wohnen

Stadt, Haus,
_____
_____
_____
wohnen,
_____
_____
_____
_____

Mode/Kleidung

Hose,
_____
_____
_____
schick,
_____
_____
_____
_____

Themenkreis 2: Mein Alltag zu Hause

Das hast du gelernt:

- ein Vorhaben oder einen Wunsch ausdrücken

- eine Meinung ausdrücken

- Freude, Ärger und Interesse ausdrücken

- über Mode und Kleidung sprechen

- über das Fernsehprogramm sprechen

- Teile einer Wohnung benennen

- Personen beschreiben

(Diese Seite kannst du erst am Ende eines Themenkreises ausfüllen.)

Ich will eine Rockband gründen.

_____

_____

_____

_____

_____

_____

_____

_____

_____

Landeskunde: Vergleiche.
(Such Informationen im Buch.)

D   CH
  A

- Jugendliche unter _____ Jahren dürfen nur bis 22 Uhr in der Disco sein.

- Nicht nur Mädchen, auch viele _____ machen Hausarbeit.

- Man feiert _____, aber nur selten Namenstag.

- Das Hauptabendprogramm im Fernsehen beginnt um _____ Uhr.

Und wie ist es bei euch?

_____

_____

_____

_____

_____

_____

_____

_____

_____

1. Ergänze *wollen* in der richtigen Form. A 2/3

a) Was _willst_____ du machen? Eine Band gründen?

b) Ich _____ im Sommer nach Amerika fahren. Aber vielleicht darf ich gar nicht.

c) _____ ihr nicht mitkommen? – Nein, wir _____ lieber fernsehen.

d) Ich habe Florian gesagt, er kann mitspielen. Er _____ aber nicht. Da kann man nichts

machen.

e) _____ Anja und Katrin auch beim Stadtmarathon mitmachen? – Ich weiß nicht.

2. Ergänze in der richtigen Form: *wollen – möchten*. A 2/3

a) _____ du einen Apfel? – Nein, danke, ich habe keinen Hunger.

b) Ich _____ unbedingt das Rocky-Konzert sehen.

c) Katrin _____ nicht ins Kino gehen. Sie _____ lieber fernsehen.

d) Und was _____ ihr? – Zwei Hamburger, bitte.

e) _____ ihr den ganzen Tag hier herumsitzen? Kommt, wir gehen Tennis spielen.

3. Wiederhole den Imperativ mit *sollen*. A 5

a) Mach doch das Radio leiser! – Wie bitte?   _Du_____

b) Spielt doch draußen! – Was ist los?   _____

c) Fahr doch nicht so schnell! – Was hast du   _____

gesagt?   _____

d) Lernt nachher bitte eure Lateinvokabeln! –   _____

Wie bitte?   _____

4. Ergänze in der richtigen Form: *sollen – müssen*. A 6

a) Wir _____ heute unbedingt noch Mathe lernen.

b) Meine Mutter hat gesagt, wir _____ das Zimmer aufräumen.

c) Der Arzt meint, ich _____ noch drei Tage im Bett bleiben.

d) Wie oft habe ich dir schon gesagt, du _____ die Musik leiser machen.

e) _____ du heute noch Hausaufgaben machen?

f) Im Top-Magazin steht, man _____ seine Bewerbung bis zum 15. 4. an die Jugend-

Redaktion schicken.

Lektion 5

A 2–7 **5. Ergänze in der richtigen Form:** *wollen – sollen – möchten – dürfen – können – müssen.*

a) Was _____ du denn trinken? – Hm, ich _____ Mineralwasser. –

Was? Mineralwasser? Das schmeckt doch gar nicht. – Ich _____ aber jetzt Wasser!

b) Kommst du heute Abend mit? – Nein, ich _____ nicht. Mein Vater sagt, das ist zu spät.

c) Wir _____ am Samstag schwimmen gehen. Kommst du mit? – Ich

_____ schon, aber ich _____ nicht. Ich _____ zu Tante Monika

fahren.

d) Mami _____ zum Zahnarzt gehen. Sie schreibt den Kindern einen Zettel. Sie

_____ ihr Zimmer aufräumen. Und Anja _____ das Abendessen kochen.

e) Daniel _____ sehr gut Schi fahren. Deshalb _____ er in den Weihnachtsferien nach

Österreich fahren. Aber er _____ erst seine Eltern fragen.

A 8 **6. Hausarbeit**

a) Welche Arbeiten machst du zu Hause? Kreuze an.

☐	Geschirr spülen	☐	das Bett machen
☐	das Zimmer aufräumen	☐	den Tisch decken
☐	stricken	☐	einkaufen
☐	kochen	☐	die Fenster putzen
☐	das Haustier füttern	☐	den Abfall raustragen

b) Schreib Sätze in dein Heft.

Ich muss | *jeden Tag* | *Geschirr spülen.*
| *immer* | *das Zimmer aufräumen.*
| *immer am Wochenende* | *...*
| *einmal die Woche* |
| *einmal im Monat* |
| *manchmal* |
| *nie* |

Schreib auch so:

Meine Mutter sagt,
ich soll jeden Tag ...
Aber ich | *habe keine Lust.*
| *mag nicht.*
| *finde das doof/unmöglich.*

7. Lesetext: „Aufräumen".

Heute bin ich von der Schule nach Hause gekommen, bin in mein Zimmer gegangen,
habe mich umgesehen und hab zu mir selber gesagt: „Also, heute räume ich einmal
mein Zimmer auf. So wie das aussieht, da macht es ja wirklich keinen Spaß mehr, hier
zu wohnen. Nach dem Essen werd ich gleich mein Zimmer aufräumen."

5 Und ich hab richtig gemerkt, wie ich mich gefreut hab auf mein aufgeräumtes Zimmer.
Schließlich ist es ja mein Zimmer, und ich muss drin wohnen, und ich hab zu mir selber
gesagt: „Siehst du", hab ich zu mir gesagt, „ich bin alt genug, dass ich selber weiß, wann
ich mein Zimmer aufräumen muss, und niemand braucht es mir zu sagen!" Und ich hab
gemerkt, dass ich mich gefreut hab, dass ich ganz von selber mein Zimmer aufräumen

10 werd, ohne dass es mir wer gesagt hat.
Beim Mittagessen hat meine Mutter dann zu mir gesagt: „Kim", hat sie gesagt, „heute
räumst du endlich einmal dein Zimmer auf!"
Da war ich ganz traurig.
Und jetzt sitz ich da und kann mein Zimmer nicht freiwillig[1] aufräumen. Und

15 unfreiwillig[2] mag ich es nicht aufräumen. Und wenn ich es heute nicht aufräume, dann
wird die Mutter mit mir schimpfen und wird morgen wieder sagen, ich soll mein
Zimmer aufräumen, und dann kann ich es morgen auch nicht freiwillig aufräumen.
Und so weiter, bis in alle Ewigkeit[3].
Und in einem so unordentlichen Zimmer mag ich auch nicht wohnen. Ich sehe keinen

20 Ausweg[4]. Ich glaube, ich muss auswandern[5].

Martin Auer

1 von allein / ich muss nicht   3 immer   5 in ein anderes Land gehen
2 nicht freiwillig   4 Ich weiß nicht mehr weiter.

a) Kim spricht mit sich selbst. Unterstreiche im Text rot, was er zu sich selber sagt.
b) Unterstreiche im Text grün, was die Mutter sagt.
c) In der Geschichte macht Kim verschiedene Phasen durch.
    Beantworte die Fragen. Wo steht das im Text? Schreib die Zeilen auf.

1. Was will Kim heute machen?

_____ Zeile _2–4_

2. Warum freut sich Kim?

    Weil _____ Zeile _____

3. Warum ist Kim dann traurig?

_____ Zeile _____

4. Warum weiß Kim nicht mehr, was er machen soll?

_____ Zeile _____

Lektion 5

B 1 **8. Was passt zu welcher Frisur?**

1, 2	glatt		modern
	lockig		altmodisch
	lang		gepflegt
	kurz		ungepflegt
	schwarz		langweilig
	dunkel		normal
	hell		auffallend

① ② ③

B 1 **9. Schreib das Gegenteil.**

schwarz	*weiß*		altmodisch	
lockig			interessant	
lang			gepflegt	
dunkel			groß	
breit			hart	
dick			schlecht	
langsam			jung	
warm			hässlich	
schwach			schmutzig	

B 1–3 **10. Hitlisten**

a) Ergänze deine Hitliste.

	Tobias	Anja	du
Popmusik	++	+	
Klassische Musik	+	++	
Jazz	–	–	
Comics	++	–	
Sport	+	++	
Moderne Kunst	–	+	

b) Schreib Sätze in dein Heft.

Popmusik gefällt Tobias sehr gut.
Auch klassische Musik gefällt ihm ganz gut.

Aber Jazz gefällt ...
Klassische Musik gefällt Anja ...

Und du? Schreib so: *... gefällt mir ...*

11. Ergänze: *mir – dir – ihm – ihr.*   B 1–3

a) Tobias findet BAP toll. Die Gruppe gefällt

_____ wirklich gut.

b) Ich mag Leichtathletik gern. Sport gefällt

_____ überhaupt gut.

c) Wie findest du die Frisur? Gefällt sie

_____ ?

d) Katrin trägt gern schicke Klamotten. Mini

gefällt _____ besonders gut.

e) Was hast du denn für eine Hose an? Die steht

_____ ja überhaupt nicht.

f) Wie findest du mein Hemd? Steht _____

das?

g) Tobias ist nicht gut in der Schule. Aber das ist

_____ egal.

h) Was sagt denn Anja zu dem Film? Wie gefällt

er _____ ?

---

12. Was passt zusammen?   B 5–6

1	Wem gehört denn die Jacke?
2	Gefällt dir klassische Musik?
3	Wie gefällt dir meine Frisur?
4	Gehören dir die Cassetten?
5	Wie findet Tobias eigentlich Volksmusik?
6	Meinst du, Anja mag den Pulli?

a	Ehrlich gesagt, nicht so gut.
b	Nein, Tobias.
c	Ja schon, aber Rockmusik mag ich lieber.
d	Ich glaube, die gefällt ihm nicht so gut.
e	Ja, sicher. Der gefällt ihr bestimmt.
f	Ich glaube, die gehört Katrin.

1	2	3	4	5	6
f					

---

13. Was kannst du noch sagen?   B 5–6

a) Gehört dir das Hemd?

1	Ist das Hemd schick?
2	Gefällt dir das Hemd?
✗	Ist das dein Hemd?

b) Wie gefällt dir Rockmusik?

1	Wie ist Rockmusik?
2	Wie findest du Rockmusik?
3	Wie oft hörst du Rockmusik?

c) Das sind seine Schuhe.

1	Die Schuhe gehören ihm.
2	Seine Schuhe sind neu.
3	Die Schuhe gefallen ihm.

d) Sie mag keine Hosen.

1	Sie trägt gern Hosen.
2	Hosen gefallen ihr sehr gut.
3	Hosen gefallen ihr nicht.

e) Welche Jacke gefällt dir?

1	Welche Jacke ist schick?
2	Welche Jacke findest du schick?
3	Welche ist deine Jacke?

Lektion 5

B 1–6 **14. Antworte.**

a) Sag mal, gehört die Lederjacke wirklich Katrin?

Ja klar, die _____

b) Wem gehört denn der Fußball da?

Der _____

c) Gehören dir die Schuhe?

Nein, die _____

d) Wem gehören denn die Cassetten? Tobias?

Ja, ich glaube, die _____

e) Ist das dein Cassettenrecorder?

Ja, der _____

B 1–6 **15. Stell Fragen.**

a) *Gefällt* _____

Nein, Rockmusik gefällt mir überhaupt nicht.

b) _____

Die gehört mir.

c) _____

Ehrlich gesagt, nicht so gut.

d) _____

Nein, Katrin gehören sie bestimmt nicht.

e) _____

Ja, die finde ich super.

f) _____

Nein, die gefallen ihm bestimmt nicht.

A–B **16. Ordne den Dialog.**

☐	▲ Ich weiß, das mach ich nachher.
☐	● Mami hat aber gesagt, du sollst gleich aufräumen.
☐	▲ Ja, warum?
1	● Gehören dir die Sachen?
☐	● Aber Mama ist dann sicher sauer.

☐	▲ Ich will jetzt aber nicht.
☐	● Die musst du aber aufräumen.
☐	▲ Dann räume ich eben jetzt auf. Du Nervensäge!

17. Ergänze die Tabelle.

Die CD gehört ...

Maskulinum	Neutrum	Femininum	Plural
dem Freund			
	einem Kind		
		meiner Freundin	
			deinen Freunden
	ihm		

Schreib Sätze in dein Heft: *Die CD gehört dem Freund.*

18. Ergänze in der richtigen Form: *gefallen – schmecken – mögen – finden.*

a) Wie _____ du meinen Pulli? – Er _____ mir wirklich gut.

b) Katrin _____ gern Gulasch und Frikadellen. Aber am besten _____ ihr
   Schweinebraten.

c) Anja _____ klassische Musik super. Mozart und Beethoven _____ ihr
   am besten.

d) Viele Kinder _____ keinen Spinat. Dabei _____ der so gut.

e) Tobias _____ Techno gut. Ihm _____ auch Rockmusik. Am liebsten
   _____ er Hardrock.

19. Ergänze die Fragewörter: *Wer – Wem – Wen.*

a) _____ gehören die Schuhe da? – Katrin.

b) _____ ist denn die Frau da? – Eine Freundin von Mami.

c) _____ kennst du hier? – Den Mann da drüben. Er ist unser Trainer.

d) _____ gefällt denn Volksmusik? – Meinem Opa.

e) _____ hast du zum Geburtstag eingeladen? – Alle meine Freunde.

f) _____ wohnt in dem Haus da? – Meine Großeltern.

A 1   1. Kreuzwortgitter

Hier siehst du einige Möbelstücke.
Schreib die Wörter in das Kreuz-
wortgitter ein.
Wohin gehören sie?
Das musst du selbst herausfinden.

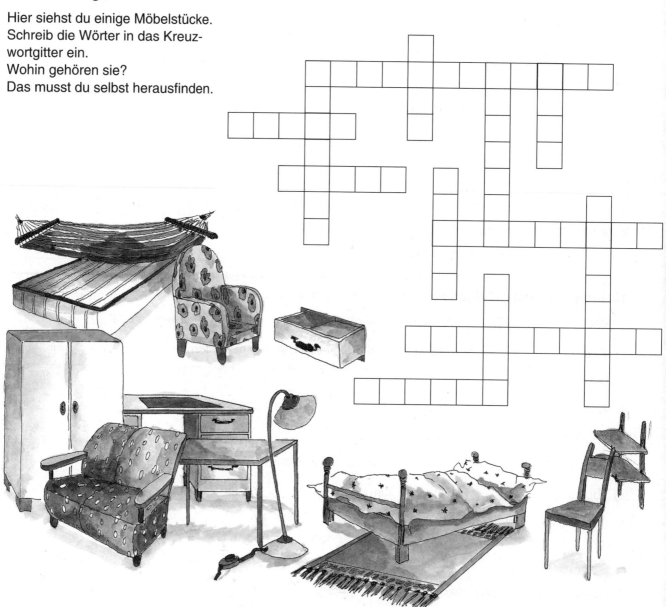

A 4–6   2. Ergänze: *steht – liegt – hängt.*

a) Mario ist krank. Er _____ im Bett.

b) Der Fernseher _____ auf dem
   Tisch.

c) Das Poster _____ an der Wand.

d) Der Cassettenrecorder _____ im
   Regal.

e) Das Heft _____ auf dem
   Schreibtisch.

f) Der Lehrer _____ neben dem Pult.

g) Wo ist denn der Ball? – Da _____
   er doch!

h) Die Landkarte _____ an der Tafel.

3. Schreib den Brief in dein Heft.

A 4–6

Ergänze die Präpositionen *(in/an/…)*.

Köln, den …

Liebe Claudia,
jetzt wohnen wir schon drei Wochen hier ▬▬▬ Köln.
Leider habe ich noch keine Freunde gefunden.
Aber Eines ist toll hier: Ich habe endlich ein eigenes Zimmer! Es ist nicht groß, aber
mir gefällt es. ▬▬▬ Fenster steht ein Schreibtisch, und gleich ▬▬▬ der anderen Wand steht der Schrank.
▬▬▬ dem Schreibtisch steht das Bett. ▬▬▬ der anderen Wand steht der Schrank.
▬▬▬ dem Schrank und der Tür ist gerade noch Platz für ein Regal.
Na ja, das siehst du ja dann, wenn du kommst.
Bis bald,
deine Eva

4. Das verrückte Klassenzimmer

A 4–6

Schau das Bild an. Ergänze dann die Präpositionen in den Sätzen.

a) Der Lehrer steht _____ der Tafel.

b) Der Papierkorb hängt _____ dem Pult.

c) Martin sitzt _____ Papierkorb.

d) Die Landkarte hängt _____ Fenster.

e) Die Schüler tanzen Rock'n' Roll _____ den Tischen.

f) Der Schrank steht _____ der Tür.

g) Die Schultaschen liegen _____ dem Pult.

h) Robert macht _____ dem Tisch Handstand.

i) Die Hefte liegen _____ dem Schrank.

Lektion 6

A 4–6 **5. Ergänze die Präpositionen (*in/auf/...*) und Artikel.**

a) Die Lampe hängt _____ Tisch.

b) Der Füller liegt _____ Schublade.

c) Der Vorhang hängt _____ Fenster.

d) Das Bild hängt _____ Wand.

e) Peter ist krank. Er liegt _____ Bett.

f) Der Cassettenrecorder steht _____ Büchern _____ Regal.

g) Kommt doch, der Kaffee steht schon _____ Tisch!

h) Die Hängematte hängt _____ Wand und _____ Säule.

i) Der Papierkorb steht _____ Schreibtisch.

j) Der Teppich liegt _____ Sofa.

k) Wo ist denn nur der Bleistift? Ach da, _____ Büchern.

l) Das Regal steht _____ Schrank.

A 4–6 **6. Beschreibe Katrins Zimmer.**

Schau im Buch auf Seite 66 nach.

Das Bett _____

Der Teppich _____

Ein Regal mit Teddys _____

Rollos _____

Der Schreibtisch _____

Ein Stuhl _____

Die Stereoanlage _____

A 9 **7. Wo sind die Sachen?**

Schreib die Nummern der Zimmer in die Kästchen.

① Flur		Schrank			Sofa
② Wohnzimmer		Schreibtisch			Regal
③ Schlafzimmer		Stuhl		3,4	Bett
④ Kinderzimmer		Tisch			Matratze
⑤ Küche		Sessel			Badewanne
⑥ Bad		Teppich			Vorhang

Schreib Sätze: *Das Bett steht ...*

8. Füll den Wortstern aus.

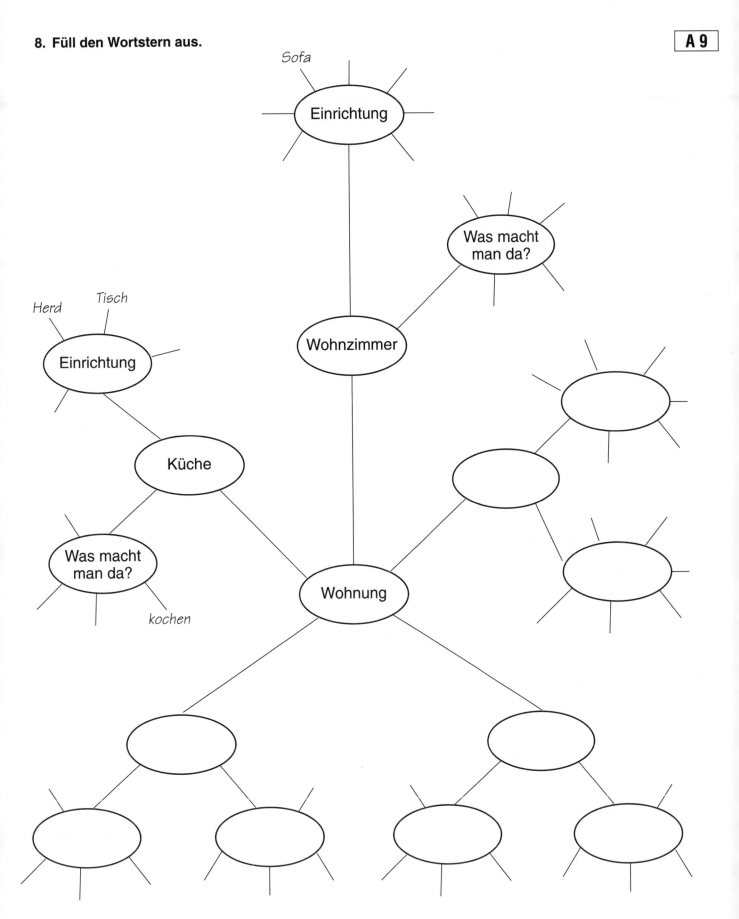

Lektion 6

B 1–4 **9. Schreib die Sätze richtig.**

Denk an die Satzzeichen (. , ? !).

a) Ich – meiner Freundin – leihe – meinen Atlas

_____

b) nimmt – auf – Sebastian – dir – eine Cassette

_____

c) mal – doch – Hilf –mir

_____

d) helfen – im Garten – Wir – unserem Opa

_____

e) du – mir – Gibst – ein Wurstbrot

_____

f) Oma – einen Pulli – strickt – meiner Schwester

_____

g) Kannst – in Latein – du – helfen – mir

_____

h) ihrem Onkel – ein Buch – Claudia – schenkt – zum Geburtstag

_____

B 1–4 **10. Antworte immer mit „nein".**

Verwende das Wort in Klammern ( ).

a) Schenkst du Klaus eine Videocassette?

   Nein, ich schenke ihm ein Buch. _____ (Buch)

b) Schenkst du mir die CD?

   Nein, ich _____ (Cassette)

c) Leihst du deiner Schwester den Pulli?

   _____ (Hemd)

d) Hilfst du Martina in Französisch?

   _____ (Physik)

e) Strickst du deinem Opa Handschuhe?

   _____ (Strümpfe)

f) Kaufst du dir ein Comic-Heft?

   _____ (Poster)

B 1–4

11. Schreib den Dialog.

▲ Hat nicht deine Schwester bald Geburtstag?

● _____

▲ Am dreizehnten? Das ist ja schon in vier Tagen.

● _____

▲ Und was willst du ihr schenken?

● _____

▲ Ein Taschenbuch? Deine Schwester liest doch fast gar nicht.

● _____

▲ Das ist eine gute Idee. Deine Schwester hört ja gern Musik.

● _____

▲ Schenk ihr doch eine Cassette von Nena.

● _____

▲ Na dann eben von Rocky Rocknacht.

● Das mache ich! Danke für den Tip.

B 1–4

12. Schreib fünf Sätze in dein Heft.

Ich	mir	Eltern	kaufst	seiner	deine	schenken	Meine
helfe	meiner	eine	Mutter	du	in	Vater	Küche
leiht	Klaus	mir	Freundin	doch	eine		deinem CD
Gib	eine	der	Lederjacke	Cassette	Telefonnummer		eine

B 5

13. Eine Glückwunschkarte

Schreib eine Glückwunschkarte. Suche dir einen Satz aus der Liste unten aus.

Alles Gute Herzlichen Glückwunsch	zum zu deinem zu deinem 16. …	Geburtstag wünscht dir dein/e

oder

Zum Zu deinem Zu deinem 16.	Geburtstag	wünsche ich dir alles Gute. wünschen wir viel Glück.	dein/e

Du kannst auch mit einer Anrede anfangen:

Liebe/r …

Lektion 6

B 1–5 **14. Ein Brief**

Tobias hatte vor drei Tagen Geburtstag. Er hat eine Party gemacht und viele Freunde eingeladen. Sie haben bis elf Uhr abends gefeiert. Sie hatten super Musik. Sie haben viel getanzt und natürlich auch etwas gegessen und getrunken. Tobias hat viele Geschenke bekommen. Seine Oma hat ihm ein Computerspiel geschenkt. Jetzt schreibt Tobias seiner Oma einen Brief. Er bedankt sich für das Geschenk. Er erzählt ihr auch von der Party.

Schreib den Brief. Schreib so:

Koblenz, den …

Liebe Oma,

…

B **15. Die Torte**

Ein Mensch kriegt eine schöne Torte.
Drauf stehn in Zuckerguß die Worte:
„Zum heutigen Geburtstag Glück."
Der Mensch ißt selber nicht ein Stück,
Doch muß er in gewaltigen Keilen
Das Wunderwerk ringsum verteilen.
Das „Glück", das „heu", der „Tag" verschwindet,
Und als er nachts die Torte findet,
Da ist der Text nur mehr ganz kurz.
Er lautet nämlich nur noch: …„burts"…
Der Mensch, zur Freude jäh entschlossen,
Hat diesen Rest vergnügt genossen.

Eugen Roth

a) Wer ist der „Mensch"?
b) Wer ist die wichtigste Person bei einem Geburtstag?
c) Warum bekommt das „Geburtstagskind" nur ganz wenig Torte?
d) Wie geht das Gedicht, wenn auf der Torte steht:

Schreib das Gedicht auf.

1. Was machen die Personen?

Sieh die Bilder an und schreib Sätze mit den Verben unten in dein Heft.

Maria

Claudia und Udo

Klaus

Herr May

das Baby

sich freuen — sich setzen — sich beeilen — sich treffen — sich ärgern

2. Welche Antwort passt?

a) Warum regst du dich denn so auf?

1	Ich rege mich auf.
2	Ach, lass mich doch in Ruhe!
3	Stimmt!

b) Kannst du dich nicht ein wenig beeilen?

1	Nein, schneller geht es nicht.
2	Das ist mir egal.
3	So ein Quatsch!

c) Freut ihr euch gar nicht?

1	So kann's gehen!
2	Lass mich doch!
3	Ehrlich gesagt, nicht so sehr.

d) Ärgert sich dein Bruder jetzt?

1	Und wie!
2	Aha!
3	Ach so!

e) Wann treffen wir uns morgen?

1	Ich glaube, im Café.
2	Ich glaube schon.
3	Ich weiß nicht.

Lektion 7

A 2/3 **3. Ergänze: *mich – dich – sich – uns – euch*.**

a) Komm schnell, wir müssen _____ beeilen.

b) Kannst du noch einen Moment warten? Ich muss _____ noch umziehen.

c) Wo trefft ihr _____ denn heute Nachmittag?

d) Warum ärgerst du _____ denn so?

e) Jochen hat _____ gerade so aufgeregt. Er kann _____ gar nicht mehr

beruhigen.

f) Setzt _____ doch!

g) Morgen fangen die Ferien an. Alle freuen _____ schon.

h) Endlich treffen wir _____ wieder einmal. Ich freue _____ ja so!

A 2/3 **4. Setz die Verben in der richtigen Form ein.**

> *sich beeilen – sich aufregen – sich beruhigen – sich setzen – sich freuen – sich treffen –*
> *sich duschen – sich ärgern – sich umziehen*

a) Ich _____ _____ , dass meine Freundin morgen kommt.

b) Claudia _____ _____ , weil sie sonst zu spät in die Schule kommt.

c) Du musst doch nicht die ganze Zeit stehen. _____ _____ doch!

d) Warum _____ _____ denn dein Vater so _____ ? – Ach, mein

Bruder ist schon wieder zu spät nach Hause gekommen.

e) Was machst du denn so lang im Badezimmer? Musst du _____ denn immer so lang

_____ ?

f) Mit Jeans können wir wohl nicht in die Oper gehen. Komm, wir _____

_____ schnell _____ .

g) Oh je, meine Eltern sind vielleicht sauer. – Ach, lass nur. Die _____

_____ schon wieder.

h) Du _____ _____ wohl, weil Peter dich nicht eingeladen hat.

i) Wo _____ ihr _____ denn heute? Vor dem Kino?

A 4/5 **5. Pro und contra Fernsehen?**

a) Schreib je fünf Argumente für und gegen Fernsehen auf.

pro
Man kann viel lernen. ...

contra
Man bekommt schlechte Augen. ...

b) Ein Fernsehfan und ein Fernsehgegner diskutieren. Schreib den Dialog in dein Heft. Schreib so:
  ● *Ich finde, man kann beim Fernsehen so viel lernen.*
  ▲ *Ja schon, aber ...*
  ● *...*

6. Lesetext: „Das Fernsehmärchen".

(…) Die ganze Familie und die Gäste sitzen schweigend[1] in den breiten Polstersesseln und starren in eine Richtung – zum Fernsehschirm[2].

Auf dem Fernsehschirm sitzt eine Familie in breiten Polstersesseln und starrt in eine Richtung – zu einem Fernsehschirm, auf dem eine Familie in breiten Polstersesseln sitzt.

5 Wahrscheinlich starren auch diese Leute auf einen Schirm. Aber das kann man nicht mehr so genau erkennen.

Die Mutter flüchtet[3] als erste, in die Küche. „Entschuldigt", flüstert[4] sie laut, weil der Apparat so dröhnt[5], „ich muss noch Geschirr abwaschen!" Tante Nelly wirft ihr einen vorwurfsvollen[6] Blick zu. Sie hasst es[7], wenn sie beim Fernsehen gestört wird.

10 Dann schleicht sich Onkel Theo – wie ein Indianer so leise – aus dem Raum und wirft dabei beinahe die große, dicke, bunte Blumenvase um. Einer nach dem andern flüchtet. Der Vater staunt nicht wenig, als er in die unaufgeräumte Küche eintritt! Da stehen alle fröhlich herum, helfen der Mutter beim Abwaschen und unterhalten sich.

Nur Tante Nelly sitzt ganz allein vor dem Bildschirm. „Aber – die schläft", berichtet der

15 Vater.

Nach einer Weile erscheint schließlich auch die Tante. Da ist das Geschirr längst schon abgewaschen und eingeräumt. Doch niemand will die Küche verlassen.

Im leeren Wohnzimmer dröhnt der Fernsehapparat.

Ernst A. Ekker

1 ohne zu reden   2 die Scheibe vorn am Fernseher   3 läuft weg   4 spricht leise   5 ist sehr laut   6 böse   7 mag nicht

Trag in die Graphik ein, was die Personen machen.

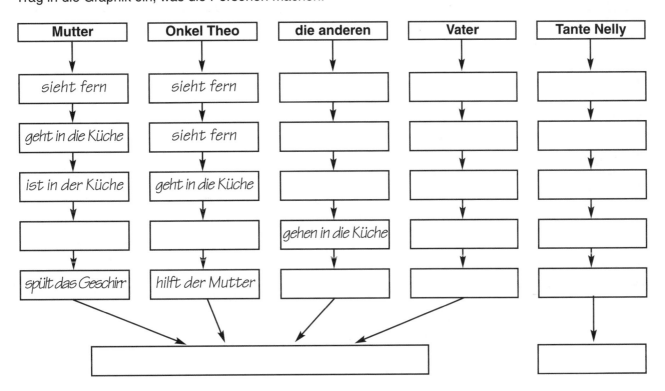

Mutter	Onkel Theo	die anderen	Vater	Tante Nelly
sieht fern	sieht fern			
geht in die Küche	sieht fern			
ist in der Küche	geht in die Küche			
		gehen in die Küche		
spült das Geschirr	hilft der Mutter			

Lektion 7

B 6/7 **7. Was gehört zusammen?**

Schreib die Buchstaben in die Kästchen (□).

(A) Oh, toll! Ich habe eine Eins.

(B) Wo bleibt denn Karin so lang?

(C) So ein Mist! Jetzt kann ich keine Musik hören.

(D) Ach, war das schön im Sommer bei Tante Berta!

(E) Ich habe schon fast alle Romane von Max Frisch gelesen.

□	Christa ärgert sich über ihren Cassettenrecorder.
□	Mario freut sich über eine gute Note.
□	Anja interessiert sich für Literatur.
□	Holger wartet auf seine Freundin.
□	Bettina erinnert sich an ihre Ferien.

B 6/7 **8. Ergänze.**

das Geschenk – den Bus – Politik – den ersten Schultag – Sport – meine Eltern – die letzten Ferien – den Zug – mein neues Zimmer – unsere letzte Klassenfahrt – Kultur – die gute Note – meinen Freund – das neue Fahrrad – meinen sechsten Geburtstag – Fotografie

Ich interessiere mich

(_____)

für — (Kultur)

(_____) (_____)

Ich warte

(_____)

auf (_____)

(_____) (_____)

Ich freue mich

(_____)

über (_____)

(_____) (_____)

Ich erinnere mich

(_____)

an (_____)

(_____) (_____)

Schreib Sätze in dein Heft.

70

9. Findest du fünf Sätze? `B 6/7`

Schreib die Sätze in dein Heft.

Geschenk	gern	dich	Lehrer	reden	Politik	Ich	für	erinnert	Freust	Wartet	du
sehr	interessiere	mich	Meine	über	sich	über	Schüler	Bus	Wir		
Oma	an	Schulzeit	gut	auf	ihre	den	die	das	ihr		

10. Ergänze: *über – auf – an – für* und die Artikel. `B 6/7`

a) Martin wartet _____ _____ Zug.

b) Meine Eltern ärgern sich oft _____ _____ schlechte Fernsehprogramm.

c) Ich erinnere mich gern _____ _____ Ferien am Bodensee.

d) Claudia und Kerstin sprechen oft _____ _____ Schule.

e) Du interessierst dich wohl sehr _____ _____ Mädchen da drüben.

f) Freut ihr euch denn _____ _____ Geschenke?

g) Viele Schüler reden am liebsten _____ _____ Lehrer.

11. Tochter und Vater `B 6/7`

Schau die Bilder an. Schreib die Geschichte.
Erfinde auch eine Überschrift.

sich langweilen – im Sessel sitzen – fernsehen –
ein Bild malen – mit Bällen jonglieren – Geige
spielen – die Geige kaputtmachen (die Geige auf
den Boden schlagen) – sich ärgern (über) – sich
aufregen (über) – schimpfen

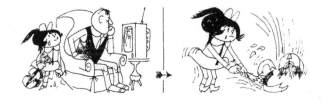

Lektion 7

B 6–7 **12. Schreib den Brief richtig in dein Heft.**

Denk an die Großschreibung und die Satzzeichen.

NÜRNBERG, DEN ...

LIEBERONKELMARTINDUWEIßTICHHATTEGESTERNGEBURTSTAGICHHABEEINEPARTY
GEMACHTACHTFREUNDEWARENDAUNDNATÜRLICHMEINEGESCHWISTERMARIAHATMIR
EINTIERBUCHGESCHENKTICHINTERESSIEREMICHDOCHFÜRTIEREVONEINEMFREUND
HABEICHEINENGLISCHLEXIKONBEKOMMENWEILICHMICHIMMERSOÜBERDIESCHLECHTEN
NOTENINENGLISCHÄRGEREHATERGESAGTICHBINNICHTGUTINENGLISCHDASWEIßICH
ABERÜBERDASLEXIKONHABEICHMICHDOCHEINBISSCHENGEÄRGERTNAJAPAPAUND
MAMAHABENMIRROLLSCHUHEGESCHENKTICHHABEMIRINLINESKATESGEWÜNSCHTUND
ICHHABEROLLSCHUHEBEKOMMENSIESINDSOALTMODISCHMAMAHATGESAGTDUFREUST
DICHJAGARNICHTÜBERDIEROLLSCHUHEDOCHHABEICHGESAGTABERDASSTIMMTGAR
NICHTBISBALDDEINFLORIAN

Onkel Martin antwortet Florian. Schreib den Brief.

B 6–7 **13. Ein neuer Schüler stellt sich vor.**

In der neunten Klasse ist ein neuer Schüler. Er ist Spanier. Er heißt Pedro Caval.
Ein Reporter der Schülerzeitung „Domino" besucht ihn. Pedro soll sich vorstellen.

a) Das sagt Pedro. Ergänze die Sätze. Schreib in dein Heft.
   Ich heiße ... Ich komme aus ... Ich bin ... Jahre alt. Ich habe ... Geschwister, ... und ...
   Meine Hobbys sind ... Ich interessiere mich besonders ... Ich freue mich ... Ich ärgere mich ...

b) Schreib einen Artikel für die Schülerzeitung. Schreib so: *Wir haben einen neuen Schüler. Er heißt ...*

B 8 **14. Was kannst du noch sagen?**

a) Im Allgemeinen mag ich Sciencefiction-Sendungen. Aber diese Sendung gefällt mir nicht.

1	Ich mag alle Sciencefiction-Sendungen.
2	Mir gefallen die meisten Sciencefiction-Sendungen.
3	Mir gefallen Sciencefiction-Sendungen gar nicht.

b) In unserer Klasse interessieren sich alle für Sport.

1	Alle Klassen interessieren sich für Sport.
2	In unserer Klasse interessieren sich viele für Sport.
3	In unserer Klasse interessiert sich jeder für Sport.

c) Kennst du dieses Mädchen?

1	Kennst du das Mädchen da?
2	Kennst du ein Mädchen da?
3	Kennst du die Mädchen da?

d) Jede Sendung mit Rocky ist toll.

1	Manche Sendungen mit Rocky sind toll.
2	Diese Sendung mit Rocky ist toll.
3	Alle Sendungen mit Rocky sind toll.

e) Ich sehe mir am Abend immer die Tagesschau an.

1	Ich sehe am Abend immer fern.
2	Ich sehe mir jeden Abend die Tagesschau an.
3	Die Tagesschau interessiert mich.

15. Ergänze in der richtigen Form: *dieser – jeder – alle.*

a) Mach doch den Fernseher aus! Ich mag ___*diese*___ Sendung nicht.

b) Klaus ist ein totaler Basketballfan. Er sieht sich _____ Spiel im Fernsehen an.

c) Anja hat zum Geburtstag eine Konzertkarte bekommen. Über _____ Geschenk hat sie sich besonders gefreut.

d) Opa will Robert einen Fußball schenken. Er sagt, _____ Junge muss Fußball spielen.

e) Jan möchte ein Skateboard. _____ Jungen in seiner Klasse haben eins.

f) Die Jacke gehört _____ Mädchen da.

g) Wer ist das? Ich kenne _____ Mann nicht.

16. Logical

Name	Julia				
sieht wann / wie lange fern					
sieht am liebsten …					
interessiert sich für …					
ärgert sich über …					

a) Julia sieht jeden Tag etwa eine Stunde fern.
b) Monika sieht am liebsten Liebesfilme.
c) Bettina interessiert sich für Politik, sieht aber am liebsten Western.
d) Helga interessiert sich sehr für Kultur und ärgert sich sehr über schlechte Filme.
e) Verena mag keine Liebesfilme.
f) Ein Mädchen ärgert sich immer über das Fernsehprogramm, sieht aber jeden Tag fünf Stunden fern, am liebsten Familienserien.
g) Ein Mädchen interessiert sich sehr für Sport, sieht aber am liebsten Quizsendungen.
h) Ein Mädchen sieht nur am Wochenende fern, weil es da die schönsten Liebesfilme gibt.
i) Julia ärgert sich nicht über schlechte Noten.
j) Ein Mädchen sieht jeden Mittwochabend fern, weil es da Dokumentarsendungen gibt. Die mag es am liebsten.
k) Ein Mädchen sieht jeden Abend zwei Stunden fern und ärgert sich über die kleine Schwester.
l) Verena interessiert sich nicht für Bücher.

Wer ärgert sich oft über die Lehrer? _____

Wer interessiert sich für Musik? _____

A 1 1. Welche Kleidungsstücke sind das?

Schreib die Wörter richtig in die Tabelle.

der	das	die	die (Plural)

ILLUP – AELNMT – EDIKL – AEHIRSSTTW – AEJNS – EFHMOPRSSTU – EEFILST – EDHMNRTU – AGNUZ – CKOR – EHOS – CEKNOS – ACEJK –EDHM – EFMPRSTÜ – EGLRTÜ – EMTÜZ – HIRSTT – BELSU – CEHHSU

A 1 2. Für Jungen oder Mädchen?

Schreib links Kleidung <u>nur</u> für Jungen, rechts Kleidung <u>nur</u> für Mädchen und in die Mitte für beide.

Jungen   **Jungen und Mädchen**   **Mädchen**

Pulli

3. Zu welcher Person passen die Sätze? A 3

Schreib A oder B in die Kästchen. Vorsicht! Manche Sätze passen gar nicht.

☐	Ihr Rock ist lang und kariert.
☐	Ihre Jacke ist weit und lang.
☐	Ihre Bluse ist gepunktet.
☐	Ihr Rock ist kurz und kariert.
☐	Ihre Bluse ist gestreift.
☐	Ihr Rock ist kurz.
☐	Ihre Jacke ist kurz und gestreift.
☐	Ihre Bluse ist gemustert.
☐	Ihr Rock ist gestreift.
☐	Ihre Jacke ist gemustert.
☐	Ihre Jacke ist eng.

4. Was passt zusammen? A 3

Kreuze an (✗).

	eng	weit	lang	kurz	groß	klein	dick	dünn	breit	schmal	warm
Rock											
Pulli											
Mantel											
Schal											
Gürtel											
Hemd											
Hose											
Jacke											
Bluse											
Mütze											
Jeans											
Strümpfe											
Schuhe											
Stiefel											

Lektion 8

A 4

5. Schreib sechs kleine Dialoge in dein Heft.

> Nein, der ist zu weit.
>
> Woher hast du denn die tolle Jacke?   Gefallen dir die engen Jeans?
>
> Nimmst du den roten Rock?   Ich weiß nicht. Er ist so lang.
>
> Warum nicht? Es ist ja nicht teuer.   Von meiner Schwester.
>
> Ja, die sind wirklich schick.
>
> Warum sind denn alle Stiefel so hoch?   Steht mir der weite Mantel?
>
> Das ist diesen Winter Mode.   Soll ich das gelbe Sweatshirt nehmen?

A 4

6. Zwei Streithähne! Ergänze die Sätze und schreib das Gegenteil.

a) ▲ Der blaue Rock ist schick.

   ● Was? Den _bl_____ Rock finde

   ich unmöglich.

b) ▲ Das rote Kleid gefällt mir.

   ● Ich finde das _r_____ Kleid entsetzlich!

c) ▲ Die schwarz_____ Schuhe gefallen mir gar nicht.

   ● Ich finde _____.

d) ▲ Die gelb_____ Jacke ist toll.

   ● Was? Die _____ finde ich _____.

e) ▲ Ich finde den grün_____ Pulli super.

   ● Also, mir gefällt _____.

f) ▲ Die lang_____ Stiefel gefallen _____.

   ● Ich finde _____.

g) ▲ Ich finde das gestreift_____ Hemd _____ Und du?

   ● Das _____ Hemd ist _____.

h) ▲ Die kariert_____ Hose gefällt _____.

   ● Also, ich finde _____.

7. Ergänze mit der richtigen Endung: *rot – blau – weit – eng – lang – kurz – neu.* | B 1/2 |

a) Nimmst du das _____ Hemd? – Nein, Rot gefällt mir nicht.

b) Mit deiner Figur kannst du doch den _____ Rock gut tragen.

c) Ist das deine _____ Jacke?

d) Soll ich die _____ oder die _____ Hose nehmen? – Im Sommer

   ist die _____ Hose vielleicht besser.

e) Wie gefällt dir der _____ Mantel? – Der _____ gefällt mir

   besser.

f) Ich mag die Mode von 1920. Ich finde die _____ Röcke so schick.

g) Was hast du denn heute an? Die _____ Jeans sind doch unmodern.

h) Welches Kleid steht mir besser, das _____ oder das _____ ?

8. Welche Antwort passt? | B 3/4 |

a) Schau mal, unser Klassenfoto. Welcher
   Junge gefällt dir am besten?

1	Er hat den blauen Pulli an.
2	Der blaue Pulli gefällt mir.
3	Der mit dem blauen Pulli.

d) Wer ist denn die da?

1	Das Mädchen mit dem kurzen Rock.
2	Die ist ganz nett.
3	Wer? Meinst du das Mädchen mit den langen Haaren?

b) Auf welchem Pferd möchtest du reiten?

1	Auf dem kleinen da.
2	Ich nehme das Pferd.
3	Ich reite gern.

e) Wie siehst du denn aus! Du kannst doch mit
   dem schmutzigen Hemd nicht aufs Schulfest
   gehen!

1	Ach, das macht doch nichts.
2	Keine Ahnung.
3	Ja, das Hemd ist schmutzig.

c) Weißt du jetzt endlich, was du möchtest?

1	Ja, ich weiß, was du möchtest.
2	Ich nehme das weiße Kleid mit den roten Punkten.
3	Das weiße Kleid passt zu der roten Jacke.

Lektion 8

B 3/4 **9. Ergänze die Tabelle.**

	Maskulinum	Neutrum	Femininum	Plural
Nominativ	der blaue Mantel			die weißen Schuhe
Akkusativ			die rote Hose	
Dativ		mit dem grünen Kleid		

B 3/4 **10. Filmtitel**

„Der große Blonde mit dem schwarzen Schuh" war ein bekannter Film. Erfinde weitere Filmtitel.

Der kleine Schwarze mit _____

Der _____

Die kleine _____

Die _____

B 3/4 **11. Schreib kleine Dialoge in dein Heft.**

Beispiel:

▲ Bluse, gelb

Rock, blau

● Bluse, hellblau.

▲ *Passt die gelbe Bluse zu dem blauen Rock?*

● *Ich finde, die hellblaue Bluse passt besser.*

a) ▲ Mantel, braun

Hose, schwarz

● Mantel, schwarz

b) ▲ Schuhe, braun

Kleid, gelb

● Schuhe, weiß

c) ▲ Hose, braun

Jacke, rot

● Hose, blau

d) ▲ Anzug, grau

Stiefel, braun

● Anzug, blau

e) ▲ Jacke, blau

Kleid, grün

● Jacke, weiß

f) ▲ T-Shirt, weit

Rock, lang

● T-Shirt, eng

12. Ergänze den Brief.

A–B

München, den

...

Liebe Claudia,

heute habe ich die neue Modezeitschrift „Tiptop" gekauft. Was die für tolle Ideen haben! Ich habe mir gedacht, das muss ich dir zeigen. Also schicke ich dir diese Seite. Die Sachen haben mir am besten gefallen. Ist die _____ Bluse nicht schick? Und die _____ Hose passt so gut dazu, finde ich. Ich finde auch die _____ Stiefel fantastisch!

Das Haarband passt nicht so gut dazu. Es ist nicht _____ wie die Bluse oder _____ wie die Hose. Aber das macht nichts. Da kann man sich ja selbst etwas machen.

Auch die Sachen des Jungen finde ich super. Das _____ T-Shirt mit der _____ Hose ist vielleicht etwas auffallend, aber schick. Wenn ich denke, was mein Freund immer so trägt. So langweilig!

Und dann die _____ Anzüge! Hast du so was schon mal gesehen?

Die _____ Mützen dazu gefallen mir auch sehr gut. Und die _____ Schuhe! Sind die nicht originell?

Was sagst du dazu? Bitte schreib mir bald.

Deine Susanne

Claudia antwortet Susanne. Schreib den Brief.

Lektion 8

13. Was trägt man wann?

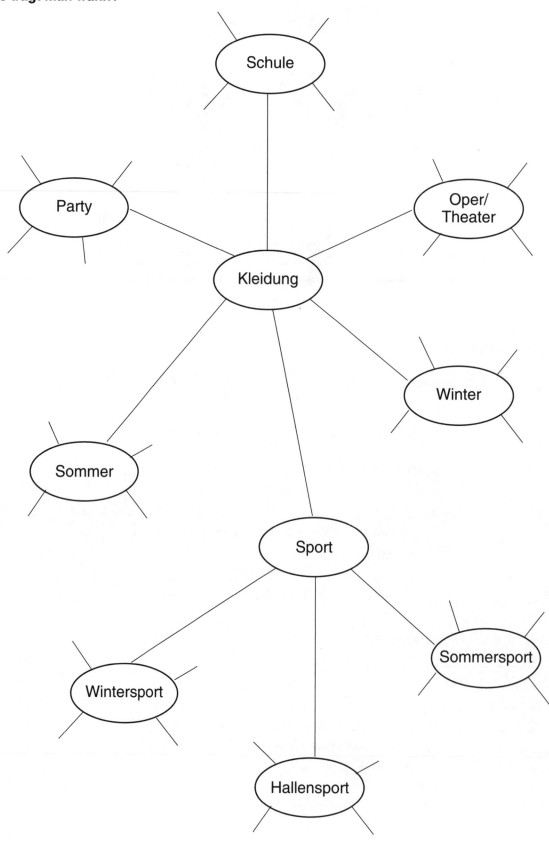

1. Was passt zusammen?

1	Hast du diese verrückten Typen gesehen? Unmöglich!	a	Was hast du denn? Das sieht doch gut aus.
2	Also, die Kamera macht wirklich gute Fotos.	b	Oh ja! Wem sagst du das!
3	Oh Mann, war der Abend langweilig!	c	Lass mal sehen. Ja, super!
4	Meine alten Platten nehmen so viel Platz weg.	d	Warum denn? Lass sie doch!
5	Ich kann doch mit den alten Klamotten nicht ausgehen.	e	Wirf sie nur nicht weg!
6	Kleine Geschwister sind manchmal echte Nervensägen.	f	Man soll eben mit so blöden Leuten nicht ausgehen.

1	2	3	4	5	6
d					

2. Schreib das Gegenteil.

a) Ich übe immer die neuen Vokabeln.

 Ich übe immer die alten Vokabeln.

b) Kurze Röcke gefallen mir nicht.

c) Alle großen Schwestern sind Nervensägen.

d) Ich mag keine engen Hosen.

e) Eva findet den Jungen mit den langen Haaren nett.

f) Diese weiten Hemden stehen dir überhaupt nicht.

g) Junge Lehrer geben immer so viele Hausaufgaben.

h) Ich wohne gern in alten Häusern.

Lektion 9

A 3/4 **3. Was kannst du noch sagen?**

a) Also, der neue Mitschüler ist wirklich ein doofer Kerl.

1	Also, der Mitschüler ist wirklich ein neuer Kerl.
2	Also, den neuen Mitschüler finde ich wirklich doof.
3	Also, der neue Mitschüler ist ein Kerl.

b) Das war aber ein leckeres Essen!

1	Wer hat das leckere Essen gemacht?
2	So ein leckeres Essen esse ich gern!
3	Das Essen hat mir sehr gut geschmeckt.

c) So ein schöner Tag wie heute kommt sicher nie wieder.

1	Heute war der schönste Tag in meinem Leben.
2	Morgen ist wieder so ein schöner Tag.
3	Das war ein ganz schöner Tag gestern.

d) Eine ganz junge Lehrerin gibt jetzt in unserer Klasse Mathematik.

1	Eine neue Mathematiklehrerin ist an unserer Schule.
2	Unsere neue Mathematiklehrerin ist ganz jung.
3	Eine ganz junge Lehrerin kommt morgen in unsere Klasse.

A 3/4 **4. Ergänze die Tabelle.**

Maskulinum	Neutrum	Femininum	Plural
der nette Lehrer			
	ein altes Foto		liebe Freunde
		keine junge Lehrerin	
			meine lieben Freunde
dein netter Lehrer			
	sein altes Foto		
			ihre lieben Freunde
unser netter Lehrer			
		eure junge Lehrerin	

5. Ergänze den Dialog.

Mein altes ist kaputt.

Ich bin aber diesen Monat fast pleite.

Na ja. Letzte Woche war doch Anjas Geburtstag. Da habe ich ihr einen schönen Schal geschenkt.

Ja schon, aber weißt du, in diesem Monat habe ich schon so viele Sachen gekauft.

Eine neue Mappe, einen großen Zeichenblock und zwei karierte Hefte.

Du, Mama, ich brauche ein neues Lineal.

● So ein Mist! Jetzt ist das Lineal kaputt.

_____

▲ Warum?

● _____

▲ Dann kauf dir doch eins. Wir haben doch ausgemacht, dass du deine Schulsachen von deinem Taschengeld kaufst.

● _____

_____

▲ Was denn?

● _____

_____

▲ Aber du bekommst doch 20 Euro Taschengeld!

● _____

▲ Warum denn? Für was hast du denn das ganze Geld ausgegeben?

● _____

_____

▲ Ah, ich verstehe. Also gut, hier hast du fünf Euro.

Lektion 9

A 6/7 **6. Ergänze die Adjektive in der richtigen Form.**

a) Ich wünsche mir ein _____ Fahrrad zum Geburtstag. (neu)

b) Hast du einen _____ Farbstift? – Nein, nur einen _____ .

   (gelb – rot)

c) Du hast aber eine _____ Jacke an. (schick)

d) Warum nimmst du denn so einen _____ Koffer mit? (groß) – Ich habe keinen

   _____ . (klein)

e) Hast du schon mein _____ Zimmer gesehen? (neu)

f) Isst du gern _____ Würstchen? (heiß)

g) Ich habe mein Zimmer neu eingerichtet. Jetzt habe ich einen _____ Schreibtisch,

   ein _____ Sofa und eine _____ Lampe. (groß – blau – neu)

A 6/7 **7. Alle tragen meine Sachen!**

Schreib Sätze in dein Heft.

Beispiel:

Mutter – Rock, kurz

Meine Mutter trägt meinen kurzen Rock.

a) Schwester Claudia – Kleid, blau
b) Tante – Schuhe, weiß
c) Bruder Tom – Jacke, schwarz
d) Bruder Micha – Ohrringe, klein
e) Vater – Gürtel, neu
f) Schwester Lisa – Mantel, weit
g) Oma – Kette, lang

A 6/7 **8. Gesucht wird …**

Dieser Mann hat in Kempten
den Supermarkt in der
Mangstraße überfallen und
etwa 5000 Euro erbeutet.
Nach Zeugenaussagen sieht
er so aus:

Schreib die Such-
meldung der Polizei für
das Radio:
*Heute hat ein junger
Mann von etwa 25
Jahren …*

9. Schreib den Brief richtig in dein Heft.

Denk an die Großschreibung und die Satzzeichen (. , ! ?).

NEUSTADT, DEN ...

LIEBEANDREAJETZTBINICHSCHONZWEIWOCHENBEIMEINERTANTE
MEINEKUSINEJULIAISTWIRKLICHNETTWIRMACHENVIELZUSAMMEN
GESTERNSINDWIRMITIHREMNEUENTANDEM(DASISTEINFAHRRADFÜRZWEI
PERSONEN)ANEINENKLEINENSEEGEFAHRENINEINEMHÜBSCHENCAFE
HABENWIRPAUSEGEMACHTJULIAHATTOMATENSAFTGETRUNKENUNDEIN
GROßESSTÜCKTORTEGEGESSENDASWARKOMISCHABERSONSTISTJULIA
GANZINORDNUNGAMSEEHABENWIRIHREFREUNDEGETROFFENNACHHER
BINICHNOCHMITEINEMNETTENJUNGENSPAZIERENGEGANGENDUSIEHST
MEINEFERIENSINDWIRKLICHINTERESSANTBISBALDDEINEMARIA

10. Schreib Sätze in dein Heft.

a) gehe – Ich – mit – Mädchen – heute – netten – aus – einem
b) passt – zu – Was – einer – Jacke – roten
c) gehört – Fahrrad – einem – Das – Schüler – neuen – tolle
d) kommt – kleinen – aus – Roberto – Stadt – einer – in Italien
e) gehen – heute – Wir – abend – in – mit – Disco – die – Freunden – lieben

11. Wünsche

Was gehört zusammen? Schreib Sätze in dein Heft.

Beispiel: Ein junger Mann sucht eine neue Arbeit.

Mann, jung	Familie, tierlieb
Dame, alt	Arbeit, neu
Herr, ruhig	Freundin, nett
Mädchen, nett	Schachpartner, gut
Hund, klein	Babysitter, lieb
Eltern, jung	Brieffreundin, französisch

Lektion 9

12. Ergänze die Adjektive mit oder ohne Endung.

a) Ich gehe jeden Tag mit dem _____ Hund meiner Tante spazieren. (klein)

b) Wie gefällt dir meine _____ Frisur? – Ehrlich gesagt, ich finde, deine Haare sind

viel zu _____ . (neu – kurz)

c) Ich esse gern Frikadellen mit _____ Bohnen. (grün)

d) Du hast ja so viele Taschen! Wie hast du das denn allein getragen? – Ein sehr _____

Mann hat mir geholfen. (nett)

e) Der Abend war wirklich _____ . (schön)

f) Hast du den _____ Kerl gesehen? – Was hast du denn? Der war doch ganz

_____ . (doof – nett)

g) Unsere _____ Nachbarn sind sehr _____ . (neu – freundlich)

13. Schreib den Brief in dein Heft.

Ergänze die Endungen.

München, den …

Liebe Christel,

vielen Dank für deinen lieb⬛ Geburtstagsbrief. Meine lustig⬛ Postkarte aus Kitzbühel hast du wohl noch nicht bekommen. Unsere Winterferien waren ganz toll: Meine italienisch⬛ Freunde aus Verona waren da. Du weißt schon, Carlo! Er ist wirklich ein nett⬛ Junge. Wir sind immer mit meinem Bruder und seiner klein⬛ Schwester gleich nach dem Schifahren zum Fünf-Uhr-Tee gegangen: Man geht in ein Café, wo man tanzen kann. Man trinkt Schokolade oder Schiwasser (das ist Wasser mit Zitrone und Zucker). Wenn man Lust hat, kann man auch tanzen. Aber die schwer⬛ Schistiefel sind da nicht so praktisch.

Ach, ich muss dir ja noch erzählen, was ich zum Geburtstag bekommen habe. Stell dir vor, so viele Geschenke: Zwei neu⬛ CDs von Supermax, ein rot⬛ Pulli aus Angora, ein neu⬛ Tagebuch, eine schwarz⬛ Hose und das weiß⬛ Kleid aus dem toll⬛ Modeladen, du weißt schon! – Und … eine klein⬛, süß⬛ Katze!

So, das war's für heute. Bis bald!

deine Tina

14. Mein Traumtyp

Beschreibe deinen Traumtyp. Schreib so:

Das ist ein Junge/Mädchen mit … Haaren, … Augen, einem … Mund, …
Er/Sie ist …
Er/Sie trägt …

15. Wer geht wohin? Und warum?

Schau dir die Leute auf den Bildern an. Wohin gehen sie? Was meinst du? Begründe deine Meinung.

Beispiel:
Ich meine, der Mann auf Bild 1 geht in die Oper. Er sieht so elegant aus.
Einen dunklen Anzug trägt man nur in der Oper.

Schreib in dein Heft:
Ich meine, das Mädchen auf Bild 2 geht …   Sie ist …   … trägt man nur …

16. Das Pummelchen

Erzähle die Geschichte von Karin. Karin hat den Spitznamen „Pummelchen", weil sie ein bisschen dick ist.

> Karin – mag Jürgen – Modezeitschrift – Diät – 15 Kilo weg – Kleider zu groß – Jürgen: Ist Karin
> krank? – Karin isst wieder normal.

Schreib die Geschichte in dein Heft.

Lektion 9

B 1 **17. Was passt zusammen?**

1	Du, schau mal! Klaus mit einem Nasenring!
2	Schau dir diese verrückten Typen an!
3	Wie findest du mein neues Kleid?
4	Warum starrst du mich so an?
5	Sag mal, wie findest du uns im Partnerlook?
6	Ich glaube, mich laust der Affe! Unser Mathelehrer mit Cowboystiefeln!

a	Ehrlich gesagt, ich finde es nicht so toll.
b	Das darf doch nicht wahr sein!
c	Was hast du denn? Diese Schuhe sind modern.
d	Du hast einen Käfer in den Haaren.
e	Diese verrückten Typen sind meine Eltern.
f	Das ist doch nichts Besonderes! Ihr seht immer wie Zwillinge aus.

1	2	3	4	5	6

B 1 **18. Ergänze die Tabelle.**

Nominativ	Akkusativ
ich	mich
du	
er	
es	
sie	

Nominativ	Akkusativ
wir	
ihr	
sie (Plural)	
Sie	

B 1 **19. Ergänze: _mich – dich – ihn – es – sie – uns – euch – Sie._**

a) ▲ He, du!

    ● Meinst du _____ ?

    ▲ Klar meine ich _____ . Du stehst auf meinem Fuß!

b) ▲ Schau mal, da ist Anja!

    ● Geh bloß weiter! Ich kann _____ nicht mehr sehen.

c) ▲ Kommt ihr mit ins Kino?

    ● Du hast _____ schon mal gefragt. Wir können doch nicht.

d) ▲ Wie findest du Tommy eigentlich?

    ● Ach, ich finde _____ so süß!

e) ▲ Gefallen wir dir so?

    ● Ich finde _____ ganz nett mit diesen Hosen. Aber müsst ihr denn immer im Partnerlook herumlaufen?

f) ▲ Entschuldigen Sie bitte. Kann ich _____ mal was fragen? Haben Sie mein Mäppchen gefunden?

    ● Sieh mal da drüben. Vielleicht findest du _____ da.

g) ▲ Wo sind denn die Würstchen?

    ● Ich habe _____ nicht gegessen.

20. Schreib einen Dialog in dein Heft. A–B

> Matze und seine Freundin Andrea – Andrea: Nasenring – Matze: böse – Nasenring: weg

Schreib so:

▲ *Hallo, Matze!*

● *Andrea! Wie siehst du denn aus?*

▲ *…*

21. Lesetext: „Die Geschichte vom grünen Fahrrad". A–B

> Einmal wollte ein Mädchen sein Fahrrad anstreichen[1]. Es hat grüne Farbe dazu ge-
> nommen. Grün hat dem Mädchen gut gefallen. Aber der große Bruder hat gesagt: „So
> ein grasgrünes Fahrrad habe ich noch nie gesehen. Du musst es rot anstreichen, dann
> wird es schön." Rot hat dem Mädchen auch gut gefallen. Also hat es rote Farbe geholt
> 5 und das Fahrrad rot gestrichen. Aber ein anderes Mädchen hat gesagt: „Rote Fahrräder
> haben doch alle. Warum streichst du es nicht blau an?" Das Mädchen hat sich das
> überlegt, und dann hat es sein Fahrrad blau gestrichen. Aber der Nachbarsjunge hat
> gesagt: „Blau? Das ist doch so dunkel. Gelb ist viel lustiger!" Und das Mädchen hat auch
> gleich Gelb viel lustiger gefunden und gelbe Farbe geholt. Aber eine Frau hat gesagt:
> 10 „Das ist ein scheußliches Gelb! Nimm himmelblaue Farbe, das finde ich schön." Und das
> Mädchen hat sein Fahrrad himmelblau gestrichen. Aber da ist der große Bruder wieder
> gekommen. Er hat gerufen: „Du wolltest es doch rot anstreichen! Himmelblau, das ist
> eine blöde Farbe. Rot musst du nehmen, Rot!" Da hat das Mädchen gelacht und wieder
> den grünen Farbtopf geholt und das Fahrrad grün angestrichen, grasgrün. Und es war
> 15 ihm ganz egal, was die anderen gesagt haben.
>
> Ursula Wölfel

1 mit Farbe anmalen

a) Die Leute überreden das Mädchen, dass es eine andere Farbe nimmt. Welche Farben schlagen sie
   vor? Unterstreiche die Stellen im Text mit der passenden Farbe.
b) Wie reagiert das Mädchen auf die Vorschläge? Unterstreiche die Stellen im Text mit Bleistift.
c) Ergänze die Tabelle.

Wer …	… schlägt welche Farbe vor?	Und warum?
der große Bruder		
das		

1. Ergänze in der richtigen Form: *haben – sein*.

a) Gestern _____ ich zum ersten Mal Nasi Goreng gegessen. Und es _____

mir gut geschmeckt.

b) Am Samstag _____ Anja und Tobias ins Kino gegangen. Aber ich _____

nicht mitgegangen. Im Fernsehen war eine Modenschau.

c) Was _____ du denn den ganzen Nachmittag gemacht? – Florian und ich

_____ Gitarre geübt.

d) _____ dir der Film gefallen? – Ja, sehr gut.

e) _____ ihr mein Zimmer schon gesehen? Ich _____ endlich mal aufgeräumt.

f) Im letzten Sommer _____ wir an den Bodensee gefahren. Wir _____ eine

Woche bei Tante Martha geblieben.

g) Ich _____ mein Zimmer neu eingerichtet. Früher _____ ein Sofa am Fenster

gestanden. Jetzt steht da der Schreibtisch.

h) Tobias _____ beim Stadtmarathon mitgemacht. Aber er _____ nicht ans Ziel

gekommen.

2. Antworte mit *ja – nein – doch*.

Schreib in dein Heft. Verwende die Wörter in Klammern.

Beispiel: Gefällt dir mein Zimmer nicht?
    (sehr gut)
    Doch, es gefällt mir sehr gut.

a) Schmeckt dir Sauerkraut?
(überhaupt nicht)

b) Esst ihr gern Schweinebraten?
(sehr gern)

c) Macht ihr nie Hausaufgaben?
(immer)

d) Gibt es heute keinen Krimi im Fernsehen?
(später)

e) Gehört dir die Lederjacke?
(leider nicht)

f) Willst du nicht Geschirr spülen?
(keine Lust)

g) Hast du zu Hause einen Fernseher?
(in meinem Zimmer)

Themenkreis 2

3. Schreib kleine Dialoge in dein Heft.

Beispiele:

zehn Rosen, gelb
▲ *Guten Tag. Ich möchte gern zehn gelbe Rosen.*
● *Tut mir leid. Wir haben keine gelben Rosen.*

Jeansjacke, schwarz
▲ *Guten Tag. Ich möchte gern eine schwarze Jeansjacke.*
● *Tut mir leid. Wir haben keine schwarzen Jeansjacken.*

a) Mantel, weit
b) Block, kariert
c) Strümpfe, grün
d) Hemd, lang
e) Stiefel, rot
f) Strumpfhose, dick
g) Krawatte, weiß
h) Taschenmesser, billig

4. Schreib Sprüche.

Besser ein netter Kerl als ein blöder Junge.

Besser trockene Hände als nasse Füße.

Besser eine schlecht___ Zwei als eine _____ Fünf.

Besser gut___ Augen als _____ Zähne.

Besser ein sauber___ Hemd als eine _____ Jacke.

Besser warm___ Socken als _____ Füße.

Besser ein gut___ Aufsatz als eine _____ Note.

Besser eine groß___ Nase als _____ .

Besser _____ .

5. Paula und Gustav

Paula und Gustav waren immer ganz altmodisch angezogen. Aber jetzt sind sie ganz modern.

a) Gustav trägt keine ___*engen*___ Hemden mehr, nur noch ganz _____ .
   (eng – weit)

b) Paula trägt keine _____ Röcke mehr, nur noch ganz _____ .
   (kurz – lang)

c) Gustav trägt keine _____ Hemden mehr, nur noch ganz _____ .
   (weiß – bunt)

d) Schreib in dein Heft: Paula – Ohrringe (klein – groß), Gustav – Schuhe (braun – weiß), Paula – Strümpfe (dick – dünn)

6. Ergänze die Fragen.

a) _____ findest du meinen neuen Pulli?

b) _____ ziehst du lieber an, Hosen oder Röcke?

c) _____ hast du denn die Lederjacke? – Von meinem Bruder.

d) _____ Hemd nimmst du jetzt, das blaue oder das weiße?

Wiederholungsübungen

7. Ergänze die Tabelle.

Nominativ: Hier ist/sind …			
Maskulinum	**Neutrum**	**Femininum**	**Plural**
der klein___ Junge	das neu___ Fahrrad	die nett___ Frau	die alt___ Freund
ein _____ Junge	ein _____	eine _____	alt___

Akkusativ: Ich sehe …			
den _____ Jungen	das _____ Fahrrad	die _____ Frau	die _____ Freunde
einen _____	ein _____	eine _____	_____

Dativ: Ich fahre mit …			
dem _____	dem _____	der _____	den _____
einem _____	einem _____	einer _____	_____

8. Deutsche Redensarten

Was bedeuten die Redensarten? Ordne zu.

1	„Ich komme einfach auf keinen grünen Zweig."
2	„Er zeigt mir die kalte Schulter."
3	„Ich habe etwas auf die hohe Kante gelegt."
4	„Er macht lange Finger."
5	„Sie lebt auf großem Fuß."
6	„Sie hängt alles an die große Glocke."
7	„Heute habe ich wirklich einen schwarzen Tag."

a	Sie kauft nur teure Sachen.
b	Sie erzählt alles ganz laut herum.
c	Mein Geld reicht mir nicht.
d	Ich bin für ihn gar nicht interessant.
e	Alles, was ich heute mache, geht nicht gut.
f	Ich habe etwas gespart.
g	Er nimmt etwas, was ihm nicht gehört.

1	2	3	4	5	6	7

9. Ergänze den Artikel/Possessivartikel im Dativ.

a) Du kannst doch mit _____ alten Jacke nicht ins Theater gehen.

b) Das neue Kleid gefällt _____ Freund bestimmt nicht.

c) Was hast du denn alles in _____ Tasche?

d) Wir haben jetzt eine Hängematte in _____ Zimmer.

e) Warst du schon in _____ neuen Film von Götz George?

f) Ich finde das Mädchen mit _____ roten Bluse nett.

g) Da kommt Tobias mit _____ neuen Freundin.

h) Habt ihr einen neuen Schüler in _____ Klasse?

10. Ergänze in der richtigen Form: *können – müssen – dürfen – wollen – sollen – möchten*.

a) Was _____ du denn heute abend anziehen? Das blaue Kleid?

b) Mama hat gesagt, ihr _____ eure Sachen aufräumen.

c) Schau mal, so ein netter Junge! Den _____ ich so gern kennen lernen.

d) Claudia _____ nie einen Minirock anziehen. Ihre Mutter will das nicht.

e) Komm, wir _____ gehen. Der Film fängt in einer Viertelstunde an.

f) Entschuldigung, _____ Sie mir helfen?

11. Ergänze die Präpositionen *(in/auf/...)* und Artikel.

a) Wo ist denn mein Mantel? – Der hängt _____ Schrank.

b) Das Regal steht _____ Tür und dem Fenster.

c) Dein Stirnband liegt auf dem Tisch. – Es liegt aber nicht _____ Tisch.

d) Mein neuer Schreibtisch steht _____ Fenster.

e) Was machst du denn da _____ Bett? – Ich suche meine Schuhe.

1. Ortsangaben

Ergänze.

Die Lampe hängt über _____ Tisch.
Das Buch steht _____ Regal.
Josef schläft in _____ Hängematte.

Ortsangaben (wo?): Präpositionen (in, über ...) + D
(dem/der, meinem/ .../einem)

2. Satzbau

Sortiere die Satzteile und ergänze die Tabelle.
a) schenkt – Gabi – eine Cassette – ihrem Bruder
b) leihe – dir – Ich – mein Fahrrad

a)				
b)				
	Subjekt	**Verb**	**Dativ-Objekt**	**Akkusativ-Objekt**

⚠ Das Dativ-Objekt steht immer   dem Akkusativ-Objekt.

3. Reflexive Verben

Ergänze die Pronomen.

Ich freue _____ auf die Ferien.
Du ärgerst _____ über den Mathelehrer.
Uwe interessiert _____ für Politik.
Wir erinnern _____ an Weihnachten.
Ihr freut _____ über den neuen Fernseher.
Die Kinder ärgern _____ über die Schule.

4. Adjektiv

Ergänze die Tabelle.

Nominativ		Akkusativ	
de<u>r</u> neue	ein neu*er*	de<u>n</u> neuen	einen neu
da<u>s</u> neue	ein neu	da<u>s</u> neue	ein neu
di<u>e</u> neue	eine neu	di<u>e</u> neue	eine neu

Dativ	
mit dem neuen	mit einem neu
mit dem neuen	mit einem neu
mit der neuen	mit einer neu

Plural: die neu<u>en</u> Schuhe   die neu<u>en</u> Schuhe
mit den neu<u>en</u> Schuhen

Themenkreis 2

TIPP:
Konzentriere dich auf die Wörter, die du schon kennst. Dann verstehst du viel.

Herr Knoll ist zornig

Das Kind der Nachbarin hat ihn wieder geweckt[1]. Es ist ein kleines Kind. Erst zehn Tage ist es alt. Es schreit oft. Und es schreit kräftig.

Herr Knoll schläft gern ein Stündchen nach dem Mittagessen. Aber das Baby von nebenan lässt ihn nicht schlafen. Herr Knoll wälzt sich auf dem Sofa hin und her.

5 „Dieses schreckliche Kind!" murrt er[2].

Vor drei Tagen hat die Nachbarin ihr Baby heimgebracht. Und seither brüllt es immer dann, wenn er seinen Mittagsschlaf halten will.

Heute stört es ihn besonders.[3] Denn heute ist Herr Knoll ohnehin enttäuscht und verbittert[4]. Er hat heute Geburtstag. Den siebzigsten.

10 Aber niemand hat ihm gratuliert. Niemand hat ihm eine Glückwunschkarte geschickt. In seinem Briefkasten hat er bloß einen Reklamezettel gefunden. Den hat er zerknüllt und in den Ofen gesteckt.

Eine Weile starrt Herr Knoll auf die Wand, die ihn von der Nachbarwohnung trennt. Dann springt er plötzlich auf. Wütend hämmert er an die Wand, bis ihn die Hand

15 schmerzt. „Na also!" sagt er befriedigt, denn auf einmal ist das Baby still.

Da schrillt die Türklingel.[5]

Draußen steht die Nachbarin. Mit dem Kind in den Armen. Sie lächelt Herrn Knoll verlegen an.

„Entschuldigen Sie", sagt sie. „Ich hab' gedacht –"

20 „Was?" fragt Herr Knoll stirnrunzelnd.

„Es hätte ja sein können, dass Sie hingefallen sind oder dass Ihnen schlecht ist und dass Sie Hilfe brauchen", stößt die Nachbarin hervor. „Da hab' ich eben gedacht, ich müsste mich kümmern um Sie[6]." „Wieso denn?" ächzt Herr Knoll. „Kümmern? Um mich?" Die meint es ehrlich, denkt er verwirrt.

25 Die Nachbarin hat sein Klopfen gehört. Doch sie hat es missverstanden[7]. Sie hat gemeint, dass der Nachbar Hilfe braucht. Herr Knoll reibt seine Bartstoppeln. Er schaut auf das rote Gesicht des winzigen Kindes und fragt: „Das ist aber noch ganz jung, wie?"

„Zehn Tage und vier Stunden", sagt die Nachbarin. „Katharina heißt sie. Mein Mann und ich sind sehr glücklich, wir haben uns nämlich eine Tochter gewünscht." Herr Knoll

30 hüstelt. „So etwas – sie hat schon Haare." „Na ja, ein paar ganz dünne", sagt die Nachbarin und zieht sich langsam zu ihrer Tür zurück.

„Entschuldigen Sie, jetzt muss sie ihre Mahlzeit[8] bekommen, ich mache alles genau nach der Uhr."

„Selbstverständlich", sagt Herr Knoll. Die Nachbarin nickt ihm durch den Türspalt zu.

35 „Ich bin froh, dass Ihnen nichts fehlt[9]." „Danke schön", murmelt Herr Knoll.

Zutiefst erstaunt wandert er in seiner Wohnung umher. Sie ist froh, dass ihm nichts fehlt. Es gibt einen Menschen, der sich um ihn Sorgen macht. So verlassen[10], wie er geglaubt hat, ist er gar nicht. Herr Knoll kommt aus dem Wundern nicht heraus.

Nun hat er zum Geburtstag doch noch ein Geschenk bekommen. Noch dazu ein

40 besonders schönes.

Vera Ferra-Mikura

1 wach machen	5 Es läutet an der Tür.
2 sagt er böse	6 ich müsste Ihnen helfen
3 Heute macht es ihn besonders nervös.	7 falsch verstanden
4 sehr traurig und böse	8 Essen

9 dass Sie gesund sind
10 allein

Lesetext

a) Der Text ist nicht ganz einfach. Du meinst, du kannst nur wenig verstehen? Aber nein! Nimm ein Lineal und einen Bleistift und unterstreiche alles, was du verstehst. Du wirst sehen, du verstehst viel!

b) Welche Überschrift passt zu den Textabschnitten? Ordne zu.

Zeile 1 – 7		a	Die Nachbarin kommt.
Zeile 8 – 12		b	Herr Knoll ist glücklich.
Zeile 13 – 15		c	Herr Knoll möchte schlafen.
Zeile 16 – 24		d	Herr Knoll wird böse.
Zeile 25 – 35		e	Herr Knoll ist traurig.
Zeile 36 – 40		f	Herr Knoll lernt die Nachbarin kennen.

c) Wie steht es im Text?

1. Herr Knoll kann nicht schlafen. Das Baby ist so laut.

_____

2. Niemand hat ihm „Alles Gute zum Geburtstag" gewünscht.

_____

3. Das Kind ist noch ganz klein.

_____

4. Die Nachbarin sagt: „Ich bin froh, dass Sie gesund sind."

_____

5. So allein, wie er gemeint hat, ist er gar nicht.

_____

1. Kurze Vokale

a) vor **Doppelkonsonant**
Lies die Wörter laut und schreib sie dann in die richtigen Spalten.

> Gitarre – Mutter – Mittag – kommen – können – lassen – joggen – Kaffee – müssen – will – glatt – sollen – immer – gefallen – treffen – Pulli – denn – Bett – vergessen – genommen – beginnen – Zimmer – getroffen – Tennis – Hobby – Klasse – Kartoffel – Herr

tt	mm	nn	ss	ll	ff	rr
_____	_____	_____	_____	_____	_____	_____
_____	_____	_____	_____	_____	_____	_____
_____	_____	_____	_____	_____	_____	bb
_____	_____	_____	_____	_____	_____	_____

gg

_____

b) vor **ck**
Lies die Wörter laut und unterstreiche.

> stri<u>ck</u>en – lo<u>ck</u>ig – Block – Blöcke – Zucker – lecker – Rock – Rücken – Eishockey – Frühstück

c) vor **tz**
Setz **tz** und den richtigen Vokal davor ein und lies die Wörter deinem Partner vor.

der L<u>etz</u>te – S<u>atz</u> – j_____t – Sportpl_____ – Sp_____er – K_____e

2. Das -ng-

⚠ Das **g** bei **ng** hört man fast **nicht**! Mach die Probe: Leg deine Finger rechts und links an den Hals und sprich **ng**. Du darfst nur eine leichte Vibration spüren.

a) Leg die Finger an den Hals und lies deinem Partner die Wörter vor. Korrigiert euch gegenseitig.

> Angst – Sänger – jung – Schlange – Dschungel – Lieblingsfach – hängen – lang – Training – Einladung

b) Welche Wörter sind das? Setz den Vokal und **ng** ein. Lies dann die Wörter laut.

H_____ematte – Vorh_____ – J_____e – _____lisch – s_____en – anf_____en – P_____p_____

Phonetik

3. Der ach-Laut und der ich-Laut

a) **ach**-Laut

 Erinnere dich: Nach **a - o - u - au** spricht man **ch** wie beim Schnarchen.

Schreib die Wörter in die Spalten und lies sie dann deinem Partner vor.

> *machen – Woche – Buch – Bauch – Nacht – brauchen – doch – suchen*

-ach	-och	-uch	-auch
_____	_____	_____	_____
_____	_____	_____	_____

b) **ich**-Laut

 Erinnere dich: Nach **e - i - ä - ö - ü - ei - eu - äu** und **Konsonant** spricht man **ch** wie eine fauchende Katze.

Lies die Wörter laut. Unterstreiche **ch** und den vorhergehenden Buchstaben.

> *schlecht – mich – schwächer – möchte – Bücher – weich – euch – Bäuche – Milch – dich – sich – Brötchen – Küche – sprechen – welche – Griechenland – Jugendliche – Fächer – zeichnen – leuchten – Löcher – gleich*

c) die Endung **-ig**

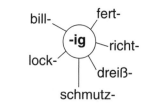 Man schreibt **-ig**, aber man spricht **-ich**.

Bilde Wörter mit **-ig** und lies sie deinem Partner vor.

> *billig* _____ _____ _____
>
> _____ _____ _____

bill- fert- richt- dreiß- schmutz- lock- **-ig**

4. Auslautende Konsonanten

Am Ende eines Wortes oder einer Silbe spricht man | **b** wie → **p** |, auch wenn noch ein **t** oder **st** folgt. **d** wie → **t**

| **g** wie → **k** |

Lies die Wörter laut. Wo liest du **b → p**, **d → t**, **g → k**? Unterstreiche. Vergleiche dann mit deinem Partner.

> *Hemd – Badehose – gelb – Anzug – Kleid – Bluse – sagst – Stirnband – schreibt – edel – Unterhemd – modern – Badeanzug – schreiben – Berg – ärgern – spannend – bleibst – liegt – liegen – Wand – halb – Bild – Fahrrad*

5. Y – y

Das **y** im Wort spricht man wie → **ü**: Typen   Das **y** am Wortende spricht man wie → **i**: Pony
Lies die Wörter laut und unterstreiche **y → ü** rot,   **y → i** blau.

> *Typ – Conny – Gymnasium – sympathisch – Party – Physik – Hobby – Teddy – System – typisch – Zypern*

Vorsicht bei ausländischen Wörtern: Cowboy – Volleyball – Eishockey – Keyboard.

Test A   Was ist richtig?

1. ● _____ ist das?
   ■ Das ist John.

31	Was
17	Wem
9	Wer

2. ● Ist das deine Jacke?
   ■ Ja, die gehört _____.

27	ich
24	meinem
7	mir

3. Was _____ dein Bruder machen?

2	will
18	willst
33	wollt

4. Ihr _____ jetzt endlich eure
   Hausaufgaben machen!

6	wollt
21	dürft
29	müsst

5. Ich will jetzt _____!

26	höre Musik
15	hören Musik
11	Musik hören

6. ● Wem gefällt klassische Musik?
   ■ _____!

4	Mein Vater
20	Meinem Vater
35	Meinen Vater

7. Hans und Kirsten _____ heute in die
   Disco gehen.

14	müssen
1	wollen
30	sollen

8. _____ gehört das Buch?

23	Was
8	Wem
34	Wer

9. Was hat Leo gesagt? Gefällt _____
   meine Frisur?

16	er
10	ihm
25	seinem

10. Papa hat gesagt, du _____
    heute das Geschirr spülen!

    | 3 | möchtest |
    | 13 | sollst |
    | 28 | kannst |

Lösungssumme: 110

Test Lektion 5

Test B   Setz das richtige Wort ein.

> sollst 1 ◆ will 9 ◆ Schach 5 ◆ muss 3 ◆ super 8 ◆ so 6 ◆ keine 4 ◆
> wollen 10 ◆ Bei 7 ◆ kannst 2

● Hannes, wo warst du denn _____(a) lange?

■ _____(b) Jutta. Wir haben _____(c) gespielt. Wir _____(d) beim Schachturnier mitmachen.

● Das finde ich _____(e). Aber Mama hat gesagt, du _____(f) deine Hausaufgaben machen!

■ Ich _____(g) heute keine Hausaufgaben machen. Wir haben _____(h) bekommen.

● Das ist gut. Dann _____(i) du ja jetzt das Geschirr spülen.

■ Das mache ich später. Jetzt _____(j) ich erst mal eine E-Mail an Michael schreiben.

Lösung:

a + b + c – d + e + f + g – h + i + j	= **27**

Test C   Ergänze

> hübsch 4 ◆ altmodisch 7 ◆ schick 3 ◆ brav 1 ◆ langweilig 2 ◆ modern 1 ◆
> normal 8 ◆ lustig 9

Wie ist Beate?

lustig 9
_____   _____   _____

Und wie ist Sven?

_____   _____   _____

_____

Lösungssumme: Beate: **17**
                        Sven: **18**

Test A Was ist richtig?

1. Meine Eltern _____
   _____ .

9	mir schenken ein Fahrrad
17	ein Fahrrad mir schenken
31	schenken mir ein Fahrrad

2. Das Auto steht _____ dem Haus.

7	auf
24	in
27	vor

3. Ich kann _____ mein Buch leihen.

2	dein
18	dir
33	du

4. Der Sessel steht neben _____ Regal.

6	der
21	dem
29	den

5. Die Katze sitzt auf _____ Stuhl.

11	der
15	dem
26	den

6. Die Lampe hängt _____ dem Schreibtisch.

4	in
20	über
35	zwischen

7. Das Buch liegt _____ dem Tisch.

1	auf
14	über
30	zwischen

8. Claudia _____
   _____ .

8	ihrem Freund strickt Handschuhe
23	strickt ihrem Freund Handschuhe
34	strickt Handschuhe ihrem Freund

9. Das Heft liegt in _____ Schublade.

10	meinem
16	meiner
25	meinen

10. Das Bett steht _____ dem Tisch.

3	in
13	neben
28	unter

11. Stefan hat Probleme in Bio. Ich helfe _____.

12	ihm
19	er
32	ihn

12. Das Bild hängt _____ der Wand.

5	an
22	in
36	über

Lösungssumme: 202

Test Lektion 6

Test B   Setz das richtige Wort ein.

> nimm 1 ◆ mag 6 ◆ los 9 ◆ Geburtstag 3 ◆ ihr 8 ◆ Geschenk 4 ◆ pleite 2 ◆
> mache 7 ◆ dir 10 ◆ Schenk 5

● Hallo Tom, was ist denn _____(a)?

■ Meine Freundin hat morgen _____(b) und ich habe noch kein

_____(c). Hast du eine Idee?

● _____(d) ihr doch einfach einen Blumenstrauß.

■ Sie _____(e) keine Blumen.

● Du kannst _____(f) doch eine CD kaufen.

■ Das ist zu teuer. Ich bin total _____(g).

● Ich kann _____(h) 20 Euro leihen.

■ Nein danke, das möchte ich nicht.

● Dann _____(i) ihr doch eine Cassette auf.

■ Ja, das _____(j) ich. Das ist eine gute Idee. Danke.

Lösung:

$$a + b + c - d + e + f - g + h + i - j \ \big| \ = \mathbf{27}$$

Test C   Ordne zu.

der	das	die
Schrank 2	_____	_____
_____	_____	_____
_____	_____	_____
_____	_____	_____
_____	_____	_____
_____	_____	_____
_____	_____	_____
Summe: 84	86	106

Lampe 1 ◆ Schrank 2 ◆ Stuhl 3 ◆
Fenster 4 ◆ Schublade 5 ◆ Sofa 6
◆ Wand 7 ◆ Vorhang 8 ◆ Teppich 9
◆ Regal 10 ◆ Bett 11 ◆ Matratze 12
◆ Flur 13 ◆ Tisch 14 ◆ Bild 15 ◆
Küche 16 ◆ Sessel 17 ◆ Balkon 18
◆ Schlafzimmer 19 ◆ Hängematte 20
◆ Poster 21 ◆ Treppe 22 ◆
Terrasse 23

Test A Was ist richtig?

1. Ich interessiere mich _____ Sport.

9	auf
17	für
31	über

2. Warum regt _____ dein Vater über den Verweis so auf?

7	dich
24	sich
27	uns

3. Ich _____ mich sehr über das Geschenk. Vielen Dank!

2	erinnere
18	freue
33	interessiere

4. Ich sehe _____ Sendung von Thomas Gottschalk an.

6	alle
21	jeder
29	jede

5. Ärgert ihr _____ auch immer über den Lehrer?

11	euch
15	eure
26	euer

6. Erinnerst du _____ an Frau Becker?

1	dich
14	dir
30	sich

7. Ich mag Jonny Depp. Filme mit _____ Schauspieler sehe ich am liebsten.

8	dieser
23	diesen
34	diesem

8. Wir müssen _____ noch schnell umziehen.

10	unser
16	uns
25	euch

9. Freust du dich _____ die Party am Samstag?

3	an
13	auf
28	für

10. Wartet ihr _____ Onkel Heinz?

12	auf
19	für
32	über

Lösungssumme: 175

Test Lektion 7

Test B   Setz das richtige Wort ein.

über 5 ◆ beeilen 9 ◆ an 2 ◆ mich 7 ◆ ärgert 6 ◆ bekommen 3 ◆
hat 1 ◆ darf 8 ◆ auf 4

eMail

| From: | ellen@pbox.com | | Cc: | |
| Re: | Dein Brief | | Att: | |

Hallo Luisa,

ich _____(a) morgen Abend leider nicht mit ins Kino gehen. Meine Mutter _____(b) es verboten. Mist! Ich habe in der Schule einen Verweis _____(c) und meine Mutter _____(d) sich jetzt über mich.

Aber auf die Party am Samstag darf ich gehen. Ich freue _____(e) schon sehr. Erinnerst du dich _____(f) Nicolas? Er kommt auch!

Jetzt muss ich mich aber _____(g)! Ich gehe nämlich nachher mit meiner Mutter in die Stadt. Sie muss sonst _____ (h) mich warten und dann regt sie sich nur wieder _____ (i) mich auf.

Bis Samstag
Ellen

Lösung:

$$\dfrac{a + b - c + d - e + f + g + h - i}{} = 15$$

Test C   Ordne den Dialog.

	2	Stimmt. Hannes interessiert sich ja auch sehr für Fußball und schaut das Spiel bestimmt auch an. Gute Idee!
	7	Der Fernseher ist kaputt.
	4	Jetzt beruhige dich mal wieder. Wir können ja zu Hannes gehen und dort fernsehen.
	1	Warum regst du dich denn so auf? Wir können ihn gleich morgen reparieren lassen.
	5	Was ist denn los?
	6	Ja, aber heute Abend kommt ein tolles Fußballspiel im Fernsehen. Ich freue mich schon die ganze Woche darauf.
a	3	Mist! Mist! Mist!

Lösung:

$$\dfrac{a + b - c + d + e - f + g}{3} = 6$$

Test A   Was ist richtig?

1. Wie gefällt dir der _____?

9	Hut
17	Kette
31	T-Shirt

2. Siehst du die Frau mit dem _____ Pulli?

7	gelb
24	gelbe
27	gelben

3. Ich finde die _____ toll!

2	Anzug
18	Mütze
33	Ring

4. Der Anzug ist viel zu _____.

6	klein
21	kleine
29	kleinen

5. Ich ziehe heute das _____ Hemd an.

11	blau
15	blaue
26	blauen

6. Die _____ Jacke gefällt mir besser.

4	kurz
20	kurze
35	kurzen

7. Ich finde die _____ Schuhe am besten.

1	grau
14	graue
30	grauen

8. Kaufst du das _____?

8	Hose
23	T-Shirt
34	Ohrringe

9. Wer ist denn der Mann mit _____ schwarzen Krawatte?

10	dem
16	den
25	der

10. Mir gefällt _____ rote Kleid sehr gut.

3	das
13	der
28	die

11. Nimmst du den _____ Ring?

12	klein
19	kleine
32	kleinen

12. Ich kaufe die Hose mit den _____ Punkten.

5	bunt
22	bunte
36	bunten

Lösungssumme: 244

Test Lektion 8

Test B Setz das richtige Wort ein.

Was 4 ◆ dem 9 ◆ schick 2 ◆ Hemd 6 ◆ schwarze 8 ◆ welches 1 ◆ mir 7
◆ den 3 ◆ Jeans 10 ◆ Kette 5

● _____(a) soll ich heute Abend anziehen? Vielleicht _____ (b) gestreiften Rock?

■ Der ist doof. Ich finde die _____(c) besser.

● Na gut. Und _____(d) T-Shirt soll ich anziehen?

■ Zieh doch das _____(e) T-Shirt mit _____(f) tollen Bild von Elvis Presley dazu an.

● Nein, das gefällt _____(g) überhaupt nicht.

■ Na, dann zieh das weiße, lange _____(h) an. Und dazu die rote _____ (i) um den Hals.
Das ist wirklich _____ (j).

● Ja gut, das mache ich.

Lösung:

a + b + c + d − e − f + g − h + i − j	= **5**

Test C Wie heißen die Kleidungsstücke?

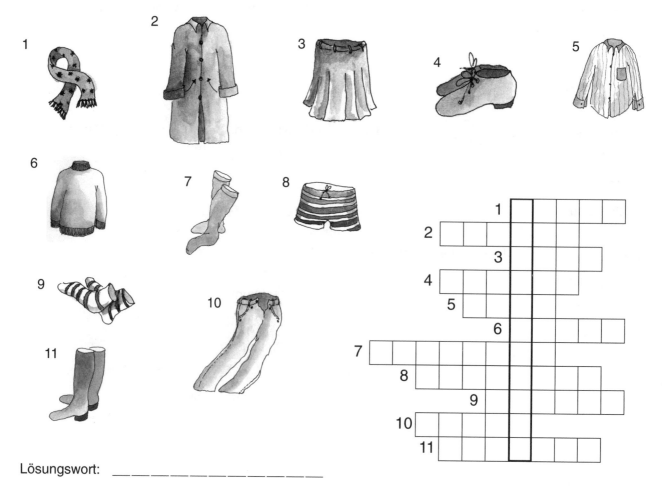

Lösungswort: ___ ___ ___ ___ ___ ___ ___ ___

Test A   Was ist richtig?

1. Das ist vielleicht ein _____
Film!

9	langweilige
17	langweiliger
31	langweiliges

2. Ich habe zwei _____ Bücher.

7	neue
24	neues
27	neuem

3. Du hast aber heute ein _____ Kleid an!

2	tolle
18	tollem
33	tolles

4. Schau mal, da ist Luisa mit ihrer
_____ Schwester.

6	kleine
21	kleinen
29	kleiner

5. Hast du meine _____ Mütze gesehen?

3	blau
13	blaue
28	blauen

6. Ich kenne _____ doch! Du heißt Konrad,
oder?

4	dich
20	dir
35	du

7. Schau mal, da sind Frau und Herr Berger. Ich
finde _____ sehr nett!

1	mich
14	sie
30	ihn

8. Ich brauche keinen _____ Sessel.

8	neue
23	neuen
34	neuer

9. Kennst du Martin? Ich finde _____ sehr
sympathisch.

10	er
16	ihn
25	ihm

10. Wir lesen nicht gern. Das macht _____
einfach keinen Spaß!

11	uns
15	unser
26	wir

11. Ich kenne _____! Ihr seid in der 9 b,
oder?

12	euch
19	euer
32	sie

12. Welche Farbe passt zu _____
Haaren?

5	blonde
22	blondem
36	blonden

Lösungssumme: 207

Themenkreis 2

Test Lektion 9

Test B   Setz das richtige Wort ein.

liest 3 ◆ leihen 7 ◆ Schule 5 ◆ gelesen 9 ◆ nicht 1 ◆ lustiges 6 ◆ spannende 2 ◆ bringe 8 ◆ langweilig 4

● Hallo Susanna! Was _____(a) du denn da?

■ Ach, hallo Valentin. Ich lese gerade „Till Eulenspiegel". Das ist wirklich ein _____(b) Buch.

● Das finde ich total _____(c). Aber kennst du Harry Potter?

■ Na klar! Das sind ganz _____ (d) Bücher. Hast du schon das neue _____ (e)?

● Nein, noch _____ (f).

■ Ich kann es dir ja mal _____ (g).

● Ja, gern.

■ Gut. Ich _____ (h) es dir morgen mit in die _____ (i).

Lösung:

a + b + c − d + e − f − g + h − i	= **15**

Test C   Die Lückenwörter stehen im Kasten.

Seit gestern ist eine Neue in unserer Klasse. Sie hat ganz kurze _b_ _l_ _o_ _n_[1] _d_ _e_ Haare und ist sehr

schick. Gestern hatte sie einen ___[2]_____ Rock an, ein __[3]_____ T-Shirt

und dazu eine tolle ___[4]_____ Kette.

Ich glaube, sie ist mit dem ___[5]_____ Typ aus der 9a befreundet. Ich finde ihn gar nicht

_____[6]_____ . Er hat immer so einen _____[7]_____ Hut auf.

Na ja. Vielleicht mag sie verrückte Typen.

M	U	S	B	L	O	N	D	E	Ö	I
P	S	C	H	W	A	R	Z	E	S	K
K	O	W	I	L	D	E	N	R	A	D
S	Y	M	P	A	T	H	I	S	C	H
O	B	Z	B	R	O	T	E	L	T	W
L	A	N	G	E	N	R	O	S	L	N
T	V	K	O	M	I	S	C	H	E	N

Lösungswort: _____ _____ _____!

Was fällt dir dazu ein? Schreib auf.

Ferien

Winter, Meer, _____

_____

_____

_____

nichts tun, _____

_____

_____

Freizeit

Wochenende, _____

_____

_____

schlafen, _____

_____

_____

Reisen

Ferien, Österreich, _____

_____

_____

_____

wegfahren, _____

interessant, _____

Berlin

Deutschland, _____

_____

_____

_____

_____

Themenkreis 3: Ferien und Freizeit

Das hast du gelernt:

(Diese Seite kannst du erst am Ende eines Themenkreises ausfüllen.)

■ eine Meinung äußern

Ich mag Musik gar nicht.

_____

■ eine Reise planen und organisieren

_____

_____

■ sich auf dem Bahnhof orientieren

_____

_____

■ eine Fahrkarte kaufen

_____

_____

■ über Land und Leute sprechen

_____

_____

■ sich in der Stadt orientieren

_____

_____

■ Gebäude und Geschäfte in der Stadt benennen

_____

_____

■ etwas über die Stadt Berlin und ihre Geschichte

_____

_____

_____

Landeskunde: Vergleiche.
(Such Informationen im Buch.)

(D) (A) (CH)

Und wie ist es bei euch?

_____

■ Beim Intercity muss man zum Fahrpreis noch einen _____ zahlen.

_____

■ Das höchste Gebirge sind die _____.

_____

■ Viele Deutsche fahren in den Ferien ins Ausland. Die Deutschen sind Weltmeister im _____.

_____

_____

■ Vor allem ab der 7. Klasse fahren viele Lehrer mit ihren Schülern weg. Sie gehen auf _____.

_____

_____

_____

1. Ergänze die Adjektive.

A 1

klare – exotische – wilde – alte – freundliche – bunte – romantische – abenteuerlustige

Albino-Reisen

Abenteuer im Dschungel

Dort gibt es _____ Pflanzen und

_____ Tiere. An keinem anderen Ort der Erde

gibt es so _____ Farben und so _____

_____ Flüsse. Sie erleben _____

Wir führen Sie in den Dschungel Borneos.

Nächte. Sie besuchen _____ Kulturstädte und

lernen _____ Dschungelbewohner kennen.

Eine super Reise für _____ Leute.

Kommen Sie mit!

2. Womit fahren die Leute?

A 1

Ergänze.

a) Wir fahren _____ von Genua nach Korsika.

b) Fährst du _____ ins Schwimmbad? – Nein, mein Fahrrad ist

   kaputt.

c) Fahrt ihr _____ nach Frankreich? – Nein, meine Mutter fährt

   nicht gern Auto.

d) Warum fährst du denn nicht _____ ? – Ach, im Zug ist es

   immer so langweilig.

e) Hoffentlich fahren wir nicht _____ auf den Schulausflug. Im

   Bus wird es mir immer so schlecht.

3. Schreib den Brief richtig in dein Heft.

A 1/2

Denk an die Großschreibung und an die Satzzeichen (. , ! ?).

LIEBESONJAWIRSINDJETZTSCHONEINEWOCHEINKORSIKAHIERGIBTESTOLLESANDSTRÄNDE
ESSINDAUCHNICHTVIELETOURISTENDAWIRHABENDENSTRANDGANZFÜRUNSALLEINDIEJUNGEN
HIERSINDNETTSIEHELFENBEIMKOCHENHASTDUDASSCHONEINMALZUHAUSEGESEHEN
MORGENFAHRENWIRINSLANDESINNEREWEILESDORTEINENNATURPARKGIBTALLESLIEBE
TSCHÜSDEINECONNY

Lektion 10

A 2/3 **4. Suche drei Nebensätze mit *weil*.**

Ich möchte nicht zu Oma fahren,

weil _____

weil _____

weil _____

Paul	muss	immer	zu	lieber	am	mit	Samstag	Oma	
eine	ich	Hause	spazieren gehen	Party	ich	bleiben	macht	möchte	

A 2/3 **5. Was sagt Petra?**

Petra weiß alles über Korsika ... von Jan!

Jan hat erzählt: „Dort ist das Meer immer warm. Das Wasser ist ganz sauber. In Korsika gibt es keine Industrie. Dort ist immer Wind. Man kann toll windsurfen. Die Leute sind sehr nett. Und das Essen schmeckt super. Die Campingplätze sind viel schöner als bei uns. Dort gibt es viele junge Leute. Man findet sofort Freunde."

Petra berichtet ihrer Freundin, was Jan ihr von Korsika erzählt hat.
Petra sagt:
Jan hat erzählt,

dass das Meer dort immer warm ist. _____

dass _____

_____

_____

_____

_____

_____

_____

6. Verbinde die beiden Sätze mit *weil*.   `A 2/3`

a) Claudia zieht schicke Klamotten an. Sie geht auf eine Party.

  Claudia zieht schicke Klamotten an, weil _____

  _____

b) Jörg kann nicht Fußball spielen. Sein Fuß tut weh.

  _____

  _____

c) Max ist traurig. Er hat eine Sechs in Chemie.

  _____

  _____

d) Kirsten kann die Hausaufgaben nicht machen. Sie hat ihr Buch in der Schule vergessen.

  _____

  _____

e) Ich gehe heute abend ins Kino. Ein Film von Charlie Chaplin läuft.

  _____

  _____

f) Wir fahren in den Ferien nach Spanien. Wir wollen Spanisch lernen.

  _____

  _____

7. Verbinde die Satzteile mit Pfeilen.   `A 2/3`

Verwende verschiedene Farben.

1	Klaus meint,		a	er schon oft in Amerika war.
2	Carina ist traurig,		b	Autostopp sehr gefährlich ist.
3	Meine Eltern haben gesagt,	**dass**	c	wir am Wochenende zu Oma fahren.
4	Eva möchte nach Ungarn,	**weil**	d	alle Mädchen ihn toll finden.
5	Wir fahren immer mit dem Zug,		e	mein Vater nicht gern Auto fährt.
6	Ich kann am Samstag nicht kommen,		f	ihr Freund dort Ferien macht.
7	Jens hat mir erzählt,		g	sie nicht zur Party darf.

Schreib die Sätze in dein Heft.

Lektion 10

A 2/3 **8. „Ich möchte mich mal langweilen.“**

Ordne den Text.

☐ „Keine Lust.“	☐ „Zu was hast du denn keine Lust?“
☐ „Nichts“, antwortete Thomas.	☐ „Weil ich keine Lust habe.“
1 „Und was machen wir nun?“, fragte Petra.	☐ „Zu gar nichts!“, sagte Thomas. „Ich will mich einfach nur langweilen.“
☐ „Einfach nur langweilen? Wie kommst du denn darauf?“	☐ „Keine Lust?“
☐ „Nichts? Und wieso nichts?“	☐ „Nur so. Hier bei uns ist immer etwas los. Ich möchte mal, dass gar nichts los ist.“

(Text von Wolfgang Altendorf)

A 6 **9. Campingurlaub**

Was nimmst du mit? Ergänze die Tabelle.

einen	ein	eine	viele
Schlafsack	Taschenmesser	Landkarte	Dosen

A 7 **10. Ergänze *mit/ohne* und die Artikel/Possessivartikel.**

a) Kommst du _____ Freund? – Nein, ich komme allein.

b) Wir fahren _____ Auto nach Österreich.

c) Musst du immer diese Jacke anziehen? – Ja, natürlich. _____ Jeansjacke gehe ich nicht aus dem Haus.

d) Was macht ihr im Sommer? – Wir fahren _____ Eltern in die Türkei.

e) Stell dir vor, ich wollte nach Russland fahren und habe meinen Ausweis vergessen. – Ja, _____ Ausweis kommt man nicht weit.

f) Ich bin froh, dass ich diesen Sommer _____ Eltern Ferien machen kann. Ich fahre viel lieber mit Freunden weg.

B 1 **11. Ergänze.**

das Gleis — Bahnhof

12. Schreib vier kleine Dialoge in dein Heft. B 1/2

Bitte, eine Fahrkarte nach München.   Einfach oder hin und zurück?   Einfach bitte.

Auf Gleis neun.   Wieviel Minuten?   Was kostet denn die Fahrt nach Berlin mit dem ICE?

Hm, das wird aber teuer. Ich glaube, ich nehme lieber einen normalen Zug.

Entschuldigen Sie, wo fährt denn der Zug nach Paris ab?

Danke schön.   Zwanzig.   Schau mal, unser Zug hat Verspätung.

So ein Mist. Jetzt müssen wir so lange warten.   Einfach 127 Mark. Hin und zurück 254 Mark.

13. Ergänze die Tabelle. B 3

	Maskulinum	Neutrum	Femininum	Plural	
Betreten	des Schulhofs				verboten!

Schulhof – Gleise – Turnhalle – Lehrerzimmer

14. Wer ist das? B 3

Ergänze: *des/der – meines/meiner.*

a) Der Bruder _____ Mutter _____ Bruders ist mein _____ .

b) Die Mutter _____ Vaters _____ Bruders ist meine _____ .

c) Die Schwester _____ Vaters _____ Schwester ist meine _____ .

d) Der Vater _____ Bruders _____ Mutter ist meine _____ .

e) Die Mutter _____ Schwester _____ Vaters ist meine _____ .

f) Die Kinder _____ Kinder _____ Großeltern sind meine _____ .

15. Silbenrätsel B 1–3

Finde zwölf Wörter.

Ab – Bahn – Bahn – ci – Fahr – Fahr – fahrt – Ge – Glei – hof – In – kar – let – ner – päck – plan – Schaff – Schal – schlag – se – steig – te – te – ter – ter – Toi – ty – Zu

Lektion 10

A–B **16. Finde sieben Verkehrsmittel.**

J	H	K	G	O	L	S	P	Ü	N	Z	R
W	E	R	T	Z	A	V	X	Y	B	U	Q
F	U	C	F	L	U	G	Z	E	U	G	I
O	T	N	Ä	S	T	K	J	Z	S	Ö	N
N	I	R	H	M	O	T	O	R	R	A	D
F	A	H	R	R	A	D	G	E	Z	K	M
G	U	P	E	J	Ü	X	A	C	L	I	W

der   das   die

_____   _____   _____

_____   _____

                           _____

                           _____

A–B **17. Kreuzwortgitter**

Was nimmt man auf eine Reise mit? Such die Wörter aus und schreib sie in das Kreuzwortgitter. Wohin sie gehören, musst du selbst herausfinden.

Koffer – Fahrkarte – Bahnhof – Rucksack – Rolltreppe – Schalter – Reiseführer – Gepäckraum – Armbanduhr – Gleise – Fenster – Handtasche – Zeitschrift

116

18. Schreib kleine Dialoge in dein Heft. C 5/6

Beispiel:

▲ Du, Papi hat nächste Woche Geburtstag.
● Ich weiß, ich habe schon was.
▲ Was denn?
● Ich schenke ihm ein Hemd.

a) Corinna
b) Alexander
c) Peter und Paul

Denk dir selbst Geschenke aus.

19. Ergänze: *mir – dir – ihm – ihr – uns – euch – ihnen – Ihnen.* C 5/6

a) Isst du auch so gern Fisch? – Nein, Fisch schmeckt _____ nicht.

b) Hast du schon gehört? Markus hat eine Eins in Mathe. – Ich weiß. Ich habe _____ ja

   geholfen.

c) Hallo, ihr beiden. Gehört _____ der Hund? – Nein, der gehört unserer Tante. Wir gehen nur

   mit _____ spazieren.

d) Schau mal, die alte Dame da! Die hat aber viel Gepäck. – Komm, wir helfen _____ .

e) Leihst du _____ deinen Cassettenrecorder? – Ich leihe _____ gar nichts!

f) Sag mal, was schenkst du denn deinen Großeltern zu Weihnachten? – Ich schenke _____

   einen Kalender.

g) Entschuldigen Sie bitte, gehört _____ die Tasche?

h) Wie findet ihr eigentlich Technorock? – So eine Musik gefällt _____ überhaupt nicht.

20. Ein Brief C 5/6

Peter und Paul, Zwillinge aus Kempten, haben von ihren Großeltern eine Tischtennisplatte zum
Geburtstag bekommen. Jetzt schreiben sie den Großeltern einen Brief.
– Sie fragen, wie es ihnen geht.
– Sie danken ihnen für das Geschenk.
– Sie erzählen, dass Papi die Tischtennisplatte schon im Garten aufgestellt hat und dass sie ihm dabei
  geholfen haben.
– Sie haben auch schon Tischtennis gespielt. Und es macht ihnen viel Spaß.
– Sie erzählen auch ein bisschen von der Schule.
Zum Schluss schreiben sie noch, dass sie in den Ferien zu den Großeltern kommen wollen.

Schreib den Brief in dein Heft.

Lektion 11

A 1   **1. Ergänze die Sätze in der rechten Spalte.**

Ich möchte …

a) mit Paul Musik hören.   *Ich gehe zu Paul.*

b) windsurfen.   *Ich fahre*

c) tanzen. _____

d) keine Halsschmerzen mehr haben. _____

e) schwimmen. _____

f) wandern. _____

g) ein Geschenk für Oma kaufen. _____

h) einen Vulkan besteigen. _____

i) Schi fahren. _____

j) schlafen. _____

k) den Kölner Dom sehen. _____

l) mit Tommy Tennis spielen. _____

m) die Marsmännchen kennen lernen. _____

Mars – Meer – Arzt – Tennisplatz – Vesuv – Disco – Stadt – Köln – Paul – Schwimmbad – Hause – Berge – Alpen

---

A 1/2   **2. Was passt nicht?**

In jedem Satz passt ein Ort nicht. Streiche ihn durch.

a) Ich gehe | ins Kino.
| zu Klaus.
| in den Ferien in die USA.
| zum Arzt.

b) Ich gehe | im Park | spazieren.
| in der Stadt |
| am Meer |
| nach Frankreich |

c) Wir fahren | in den Zug.
| aufs Land.
| zu Oma.
| nach Paris.

d) Wir wohnen | bei meiner Tante.
| in der Türkei.
| im See.
| im Wohnmobil.

e) Ich spiele | auf dem Sportplatz | Volleyball.
| am Meer |
| im Flugzeug |
| am Strand |

Schreib die richtigen Sätze in dein Heft.

3. Der Angeber

Wolfgang ist ein Angeber. Er weiß alles besser. Er war schon überall. Das sagt er wenigstens.

Das sagt Klaus:

Das sagt Wolfgang:

a) Ich fahre im Sommer nach England.

Ich war schon oft in England.

b) Ich fahre am Wochenende in die Berge.

Ich war schon oft _____

c) Ich bin am Sonntag zu meiner Tante gefahren.

Ich war _____

d) Ich fahre in den Ferien an die Nordsee.

_____

e) Ich möchte so gern mal auf den Feldberg steigen.

_____

f) Ich fahre gern aufs Land.

_____

g) Vielleicht fahre ich bald in die Schweiz.

_____

4. Ergänze.

nach	am	zum	im	an den	nach	bei	in die	ins	an die
auf dem	bei	am	in	auf den	am	auf den	in den		

a) Wir sind jedes Jahr _____ unserer Oma _____ Wien.

b) Nächste Woche fliegen wir _____ Australien.

c) Bist du schon einmal _____ Bodensee gewesen?

d) Wer ist denn eigentlich als Erster _____ Mount Everest gestiegen?

e) _____ Dschungel gibt es viele verschiedene Tiere.

f) Am Samstag bin ich _____ Klaus.

g) Meine Großeltern haben ein Haus _____ Land.

h) Wir fahren nächste Woche _____ Schweiz zum Schi fahren.

i) Ich habe drei Jahre lang _____ USA gewohnt.

j) Tim fährt im Sommer immer _____ Gardasee.

k) Wohin fährt denn eure Klasse? – _____ Ostsee.

l) Kommst du am Dienstag zum Fest? – Ich kann nicht. Ich muss _____ Arzt.

m) Was machst du denn den ganzen Tag _____ Meer? – Ach, ich liege _____ Strand und faulenze.

n) Ich möchte so gern zum U2-Konzert _____ Berlin fahren!

o) Wir fahren mit meinem Onkel und meiner Tante an Sylvester _____ Fichtelgebirge.

p) _____ Fidschiinseln muss es toll sein!

Lektion 11

5. Ergänze die Präpositionen und Artikel (wenn nötig).

Morgen fangen die Ferien an. Und wir wissen immer noch nicht, wohin wir fahren. Letztes Jahr waren wir

_____ Gebirge. Wir sind viel gewandert. Das war vielleicht anstrengend! Dieses Jahr wollen

meine Eltern wieder _____ Deutschland bleiben. Papa fährt nämlich nicht gern so weit

_____ Auto. Sie wollen _____ Tante Helene _____ Land oder

_____ Onkel Alfred _____ Bodensee. Das stelle ich mir vielleicht langweilig vor!

Holger hat es gut! Er fliegt _____ Eltern _____ USA! Sie wohnen

_____ Freund _____ San Francisco, und dann fahren sie _____

Los Angeles.

Und ich bin dann _____ Bodensee oder _____ Tante Helene. Ich glaube, ich

bleibe lieber _____ Hause.

6. Schreib die Postkarte in dein Heft.
Ergänze die Sätze.

Lieber Toni,

ich bin jetzt schon eine Woche ▅▅▅▅ München. Wir wohnen direkt ▅▅▅▅ Fluss mitten ▅▅▅▅ Stadt.
Bei uns ▅▅▅▅ Hause ▅▅▅▅ Bergen ist es ja viel ruhiger. Tag und Nacht fahren hier die Autos ▅▅▅▅ Straße vor unserem Haus.
Ich schlafe trotzdem gut, weil ich abends so müde bin. Heute waren wir ▅▅▅▅ Olympiaturm, und dann haben wir ein Museum besucht.
Gestern Mittag waren wir ▅▅▅▅ Marienplatz und haben das Glockenspiel angeschaut. Es ist alles so interessant hier! Aber manchmal, das sage ich ganz ehrlich, habe ich schon ein bisschen Heimweh. ▅▅▅▅ Land fühle ich mich einfach wohler.
Also, bis bald!

deine Therese

7. Was kannst du noch sagen?

a) Das ist doch nicht wahr!

1	Das ist doch nicht interessant!
2	Das ist doch nicht wirklich!
3	Das stimmt doch nicht!

b) So ein Quatsch!

1	So ein Mist!
2	So ein Blödsinn!
3	So ein Spaß!

c) Da habe ich aber etwas anderes gehört.

1	Da habe ich nicht gut zugehört.
2	Deine Information ist meiner Meinung nach nicht richtig.
3	Die Leute sagen immer etwas anderes.

d) Meiner Meinung nach ist es in der Jugendherberge lustiger als auf dem Campingplatz.

1	Ich finde, dass es in der Jugendherberge lustiger ist als auf dem Campingplatz.
2	Ich hoffe, dass es in der Jugendherberge lustiger ist als auf dem Campingplatz.
3	Ich war schon oft in der Jugendherberge, aber noch nie auf dem Campingplatz.

8. Was passt zusammen?

1	Das Buch liegt		a	im Bett.
2	Leg die Zeitung		b	in der Schule.
3	Die Schüler gehen		c	unter dem Schrank.
4	Die Schuhe stehen		d	auf dem Tisch.
5	Jürgen liegt		e	unter den Schreibtisch.
6	Die Schüler sind		f	in die Schule.
7	Stell den Kuchen		g	auf den Tisch.
8	Ich stelle die Schultasche immer		h	in der Schublade.

1	2	3	4	5	6	7	8
a, b, c, d, h							

Lektion 11

A 7–9 **9. Antworte.**

a) Warum liegt der Bleistift nicht auf dem Schreibtisch?

   Keine Ahnung! Ich habe ihn auf den Schreibtisch gelegt.

b) Warum steht der Blumentopf nicht am Fenster?

   Keine Ahnung! Ich habe

c) Warum liegt das Messer nicht in der Schublade?

d) Warum liegt die Zeitung nicht auf dem Fernseher?

e) Warum liegt die Cassette nicht im Regal?

f) Warum steht der Sessel nicht neben dem Tisch?

g) Warum steht das Fahrrad nicht in der Garage?

A 7–9 **10. Dieser Pumuckl!**

a) Schau Bild 1 an und beantworte dann die Fragen.

Wo	liegt	das Taschenmesser?	*Es liegt auf dem Bett.*
	steht	das Handtuch?	*Es*
	ist	die Schere?	*Sie*
		der Tesafilm?	
		der Rucksack?	
		das Tagebuch?	
		der Cassettenrecorder?	
		die Cassette?	

b) Pumuckl ist ein Kobold. Er versteckt immer alles. Schau Bild 2 an und beantworte dann die Fragen.

Wohin hat Pumuckl die Sachen	gelegt?
	gestellt?

Er hat das Taschenmesser unter das Bett gelegt.

Er hat das Handtuch

123

Lektion 11

11. Berühmte Personen

Woher kommen sie? Ergänze.

Name	Land	Nationalität
Elvis Presley	USA	Amerikaner
Steffi Graf	Deutschland	
Wolfgang Amadeus Mozart	Österreich	
Agatha Christie	England	
Friedrich Dürrenmatt		Schweizer
Mikis Theodorakis	Griechenland	
Pablo Picasso	Spanien	
Brigitte Bardot		Französin
Mao Tse-tung	China	

A–B **12. Welche Antwort passt?**

a) Seid ihr Spanier?

1 | Ja, wir sind spanisch.
2 | Nein, aber wir kochen Spanier.
3 | Ja, wir kommen aus Madrid.

b) Wo ist denn mein Schlafsack?

1 | Er liegt aber nicht auf dem Tisch.
2 | Liegt er auf dem Tisch?
3 | Ich habe ihn auf den Tisch gelegt.

c) Gehören Ihnen die Koffer?

1 | Euch gehören die Koffer.
2 | Ja, das sind meine.
3 | Ach, das sind ihre Koffer.

d) Bitte eine Fahrkarte für den Intercity nach Dortmund.

1 | Der fährt auf Gleis drei.
2 | Der hat aber 20 Minuten Verspätung.
3 | Einfach oder hin und zurück?

e) Entschuldigen Sie, ist der Zug nach Hamburg schon da?

1 | Ja, er ist pünktlich angekommen.
2 | Er kommt immer auf Gleis 10.
3 | Ja, er fährt heute nicht ab.

f) Warum fahren wir nicht ans Mittelmeer?

1 | Ich bin nicht am Mittelmeer.
2 | Gute Idee!
3 | Ich will aber ans Mittelmeer!

1. Was kannst du noch sagen?

a) Der Film ist nur für Leute ab 18 Jahren.

1	Der Film ist nur für Jugendliche.
2	Der Film ist nur für Erwachsene.
3	Der Film ist nur für Bekannte.

b) Zu Omas 75. Geburtstag kommen viele Verwandte.

1	Zu Omas 75. Geburtstag kommen viele Nachbarn.
2	Zu Omas 75. Geburtstag kommen viele Freunde.
3	Zu Omas 75. Geburtstag kommen viele von ihren Kindern, Enkeln und Geschwistern.

c) Frankfurt: Jugendlicher rettet Kind aus dem Main!

1	Frankfurt: 16jähriger Junge rettet Kind aus dem Main!
2	Frankfurt: Zwei Schüler retten Kind aus dem Main!
3	Frankfurt: 16jähriges Mädchen rettet Kind aus dem Main!

d) Die Frau dort kennen wir gut.

1	Die Frau dort kennen wir seit einem Jahr.
2	Die Frau dort ist eine gute Bekannte.
3	Die gute Frau dort haben wir kennen gelernt.

2. Welche Antwort passt?

a) Wie lange seid ihr schon in Berlin?

1	Vor einer Woche.
2	Seit einer Woche.
3	In einer Woche.

b) Wann warst du zum ersten Mal in England?

1	In einem Jahr.
2	Seit drei Jahren.
3	Vor zwei Jahren.

c) Fährst du im Sommer nach Griechenland?

1	Nein, erst im Oktober.
2	Ja, im Oktober.
3	Nein, seit dem Frühling.

d) Hast du deine Tante in letzter Zeit besucht?

1	Ja, nächsten Sonntag.
2	Ja, vor einem Monat.
3	Ja, in zwei Wochen.

e) Wohnst du schon lange in München?

1	Ich komme aus Köln.
2	Ja, seit vorgestern.
3	Nein, erst seit einem halben Jahr.

f) Wann kommen deine Eltern aus den Ferien zurück?

1	Aus Teneriffa.
2	Am letzten Sonntag.
3	In drei Tagen.

Lektion 12

A 3 **3. Ergänze:** *in – seit – vor.*

a) Wann geht ihr ins Kino? _____ zwei Stunden.

b) Meine Schwester war _____ einem Jahr bei unserer Tante in Amerika.

c) Ich bin _____ einer Woche in der neuen Schule.

d) Klaus ist _____ zwei Jahren nicht mehr Schi gefahren.

e) Ich hole dich _____ einer halben Stunde ab.

f) _____ einem Monat hatten wir ein Sportfest an unserer Schule.

A 7–9 **4. Antworte. Was machst du ...**

a) vor dem Frühstück? _____

b) vor der Schule? _____

c) in der Pause? _____

d) nach der Schule? _____

e) nach dem Mittagessen? _____

f) vor dem Abendessen? _____

g) nach dem Abendessen? _____

A 7–9 **5. Martinas Samstag**

Martina hat am Wochenende immer viel vor. Deshalb schreibt sie alles genau in ein Notizbuch.

Hier ist Martinas Plan.

9.30 Frühstück
Tennis mit Sylvia
Hausaufgaben
13.00 Mittagessen
mit Robert ins Kino
Café
Sportschau im Fernsehen
18.45 Abendessen
Party bei Steffi !!!

Was macht Martina am Samstag?
Schreib die Sätze in dein Heft. Verwende auch die Präpositionen *vor/nach*.

Schreib so:
Um halb zehn frühstückt Martina. Nach dem Frühstück ...

B 1 **6. Rätsel**

Ergänze: *oben – vorn – hinten – drinnen – draußen.*

a) Was machst du denn bei dem schlechten Wetter [   ] im Garten?

b) Klaus sitzt am liebsten ganz [   ] an der Tafel.

c) Kinder müssen im Auto immer [   ] sitzen.

d) Verena wohnt ganz [   ] im siebten Stock.

e) Ich bleibe heute lieber [   ] Die Sonne ist mir zu stark.

Der Keller ist im Haus immer _____ .

7. Wo kaufst du die Sachen?

In jeder Gruppe passt eine Sache nicht. Schreib den Buchstaben auf. Dann findest du ein Lösungswort.

Was passt nicht?

Wo kaufst du die Sachen?

A	Wurst
M	Fleisch
K	~~Spinat~~
L	Schnitzel

In der Metzgerei.

E	Zeitung
A	Radiergummi
N	Comic-Heft
W	Postkarte

Am

B	Bleistift
R	Zeichenblock
O	Heft
U	Schultafel

F	Tesafilm
D	Hustensaft
E	Salbe
S	Kopfschmerztabletten

G	Zahnbürste
Z	Kamm
A	Toilettenpapier
H	Fön

I	Brezel
A	Butter
K	Brot
U	Kuchen

P	Butter
M	Käse
U	Hustensaft
E	Orangensaft

H	Kamera
J	Film
O	Fototasche
S	Briefpapier

Lösungswort:

K							

Lektion 12

B 2 **8. Ergänze.**

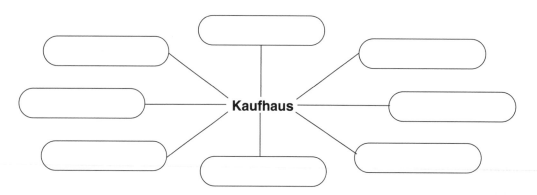

Kaufhaus

B 3 **9. Wegbeschreibung**

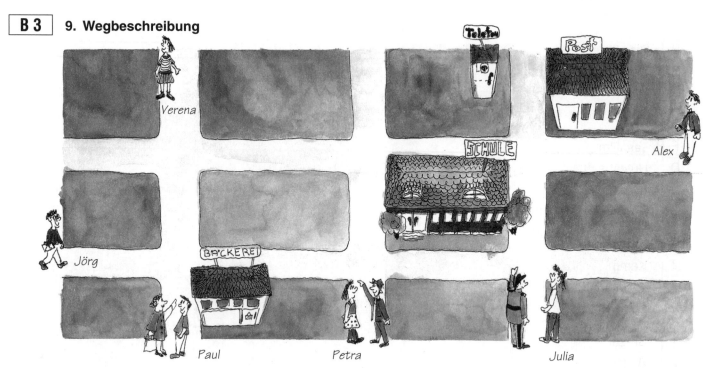

Paul, Petra und Julia suchen die Post.
Paul fragt eine Frau.
Petra fragt einen Mann.
Julia fragt einen Polizisten.
Nur eine Person beschreibt den Weg richtig. Welche?

a) Frau: „Also, du gehst geradeaus bis zur zweiten Kreuzung, dann rechts. Hier gehst du wieder geradeaus, über zwei Kreuzungen. Dann siehst du schon die Post auf der rechten Seite."

b) Mann: „Du gehst geradeaus bis zur nächsten Kreuzung. Dann gehst du rechts und an der nächsten Straße gleich wieder links. An der nächsten Kreuzung gehst du wieder rechts. Auf der linken Seite ist die Post."

c) Polizist: „Du gehst geradeaus bis zur zweiten Kreuzung, dann links. Auf der linken Seite siehst du schon die Post."

10. Was passt zusammen?

1	Gibt es hier eine Drogerie?		a	Nein, auf der linken.
2	Wo ist hier eine Telefonzelle?		b	Ja, und dann rechts.
3	Ist die Bank auf der rechten Seite?		c	Ja, hier ganz in der Nähe.
4	Ich gehe also bis zur nächsten Kreuzung.		d	Nein, sie ist ganz in der Nähe.
5	Ist die nächste Post weit weg?		e	Tut mir leid, ich bin nicht von hier.
6	Wissen Sie, wo hier eine Bäckerei ist?		f	Gleich da vorn.

1	2	3	4	5	6

11. Ergänze.

Sieh auf dem Plan der Aufgabe 9 nach.

a) Beschreibe Alex den Weg zur Bäckerei.

Du gehst _____ bis _____ . Dann gehst

du _____ und _____ . Die Bäckerei ist

_____ .

b) Beschreibe Jörg den Weg zur Telefonzelle.

Also, du gehst _____ bis _____ .

Hier gehst du _____ und dann _____ .

Auf _____ siehst du schon die Telefonzelle.

c) Beschreibe Verena den Weg zur Schule.

_____

_____

_____

_____

_____

_____

Lektion 12

B 6 **12. Schreib die Wörter in die Tabelle.**

Wie komme ich ...?

zum	zum	zur
Maskulinum	*Neutrum*	*Femininum*

Brandenburger Tor – Siegessäule – Kirche – Rathaus – Zoo – Theater – Marienplatz – Kurfürstendamm – Tiergarten – Lutherstraße – Sportplatz – Schule – Schwimmbad – Museumsinsel – Zentrum

Schreib Fragen in dein Heft.
Wie komme ich zum Brandenburger Tor?

B 6 **13. Ergänze: *zum – zur – nach*.**

a) Bitte, wie komme ich _____ Post?

b) Ich möchte _____ Potsdam _____ Schloss Sanssouci fahren.

c) Entschuldigung, führt diese Straße _____ Tiergarten?

d) Kannst du dem Mädchen den Weg _____ Museumsinsel beschreiben?

e) Entschuldigen Sie bitte. Können Sie mir sagen, wie ich _____ Alexanderplatz komme?

f) Fährt der Bus _____ Kreuzberg?

g) Ist es noch weit _____ Bäckerei?

h) Kennst du den Weg _____ Jugendgästehaus?

B 7 **14. Ergänze die Vorsilben *ein... – aus... – um...***

a) Wir sind gleich da. Wir müssen hier _____steigen.

b) Nimm die U1 und steig dann an der Deutschen Oper in die U7 _____ .

c) Ach, der Bus ist schon da. Da können wir ja gleich _____steigen.

d) Ich muss von der S-Bahn in den Bus _____steigen.

e) Bitte _____steigen! Der Zug fährt gleich ab.

f) An welcher Haltestelle muss ich _____steigen?

15. Ergänze den Dialog.

Und wie heißt die Haltestelle?

Wie komme ich zum Olympiastadion?

Entschuldigen Sie bitte.

Ach, das ist ja gar nicht so schwer. Vielen Dank.

Ist es denn so weit?

Was? So lang?

Und wo muss ich aussteigen?

Ich bin noch nie mit der U-Bahn gefahren.

Wie lange brauche ich denn?

Wo? Ach ja.

▲ _____

● Ja bitte?

▲ _____

● Zum Olympiastadion? Also, du gehst hier immer geradeaus und dann … Warte mal! Am besten, du fragst dann noch mal.

▲ _____

● Ja, ziemlich weit.

▲ _____

● Zu Fuß? Na ja, eine halbe Stunde bestimmt.

▲ _____

● Warum fährst du denn nicht mit der U-Bahn?

▲ _____

● Pass auf, das ist ganz leicht. Siehst du den U-Bahnhof da vorn?

▲ _____

● Also, da nimmst du die U1 Richtung Ruhleben.

▲ _____

● An der vierten, nein halt, an der fünften Haltestelle.

▲ _____

● Olympiastadion, ganz einfach.

▲ _____

Lektion 12

16. Gib die Frage weiter.

Schreib die Frage und die Antwort.

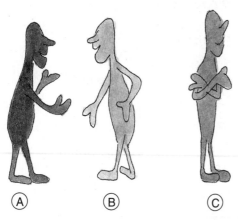
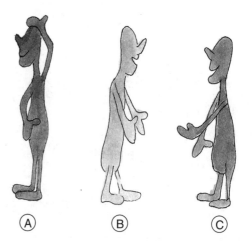

Ⓐ   Ⓑ   Ⓒ   Ⓐ   Ⓑ   Ⓒ

a)   A: Frag bitte Robert, wo wir die anderen treffen.

      B: *Robert, wo* _____ ?

      C: *An der Kaiser-Wilhelm-Gedächtniskirche.* _____

b)   A: Frag mal Sven, wann das Theater anfängt.

      B: *Sven,* _____ ?

      C: _____

c)   A: Frag bitte Pia, wer heute abend zur Party kommt.

      B: *Pia,* _____ ?

      C: _____

d)   A: Frag mal Karin, ob heute Sport ist.

      B: _____ ?

      C: _____

e)   A: Frag mal Vera, ob der neue Film schon läuft.

      B: _____ ?

      C: _____

f)   A: Frag bitte Klaus, ob es hier eine Post gibt.

      B: _____ ?

      C: _____

g)   A: Frag mal Henry, ob er heute Abend kommt.

      B: *Henry, kommst* _____ ?

      C: _____

h) A: Frag mal Ute, ob ihr Gulasch schmeckt.

   B: _____ ?

   C: _____

i) A: Frag bitte Julia, wie ihr Freund heißt.

   B: _____ ?

   C: _____

j) A: Frag mal Jörg, welche Musik ihm gefällt.

   B: _____ ?

   C: _____

17. Wiederhole die Frage.   B 9/10

a) Was machen wir heute? – Wie bitte? –
   Ich habe dich gefragt, _____

b) Wohin geht Martin heute Abend? – Wie bitte? –
   Weißt du, _____

c) Wann hat Bettina Geburtstag? – Wie bitte? –

   _____

d) Fährt Klaus im Sommer nach Berlin? – Wie bitte? –

   _____

e) Müssen wir den Aufsatz bis morgen machen? – Wie bitte? –

   _____

f) Gibt es hier eine Disco? – Wie bitte? –

   _____

18. Setz den Text in die Gegenwart (Präsens).   C 1

Schreib in dein Heft.

Bei der Redaktionssitzung sprachen die Schüler über die nächste Ausgabe von „Domino".
Matthias machte einen Vorschlag. Er meinte, sie sollten über ihre Klassenfahrt nach Berlin schreiben.
Alle fanden die Idee gut. Sie wollten von ihrer Woche in Berlin erzählen. Nur Florian glaubte, dass das
zu langweilig ist. Aber sie hatten Fotos. Zusammen mit den Fotos konnte die Geschichte ganz
interessant werden. Dann verteilten sie die Arbeit. Florian schrieb den Text über die Geschichte Berlins.
Julia und die anderen erzählten von ihrer Fahrt. Und Bettina und Matthias suchten die Fotos aus.
Zum Schluss wurde es ein sehr interessanter Artikel.

Lektion 12

19. Ergänze die Tabelle.

Präsens	Präteritum	Präsens	Präteritum
ich besuche	ich besuchte	ich esse	
wir fahren		er sieht	
	er ging		wir gaben
ihr könnt		ihr wollt	
du hast		du kennst	
	Sie standen		Sie waren
sie muss		er bleibt	
	er schlief		sie lernten
	sie riefen	ich tanze	
sie kauft		du sollst	

20. Ergänze die Verben im Präteritum.

> müssen – wollen – können – sein – haben – fahren – ankommen – schlafen – essen – reden – besuchen – ansehen – machen

a) Wir _____ vier Stunden mit dem Zug und _____ gegen Mittag in

   Berlin _____ .

b) Im Jugendgästehaus _____ ich mein Bett selber machen.

c) Im Bett über mir _____ Florian. Das war ziemlich doof, denn er

   _____ ganz laut im Schlaf.

d) Gleich am ersten Tag _____ wir einen Stadtbummel.

e) Wir _____ immer den ganzen Tag unterwegs und _____ in der

   Stadt zu Mittag.

f) Wir _____ Museen und Theater, _____ uns Ausstellungen

   _____ und _____ leider nur an einem Nachmittag tun, was wir _____

   _____ .

g) Aber wir _____ trotzdem viel Spaß.

134

21. Ergänze die Tabelle. C 2–3

	können	müssen	dürfen	sollen	wollen
ich	konnte				
wir			durften		
ihr					wolltet
du		musstest			
er				sollte	
sie	konnten				

22. Tante Gabys Klassenfahrt C 3

Das erzählt Tante Gaby von ihrer Klassenfahrt nach Berlin:

„Ich erinnere mich noch genau an unsere Klassenfahrt damals nach Berlin. Ich war 16 Jahre alt. In unserer Klasse waren wir 18 Mädchen, keine Jungen, denn ich habe natürlich eine Mädchenschule besucht. Herr Hertl, der Deutschlehrer, und Frau Zimmermann, die Geographielehrerin, sind mitgefahren. Wir waren so aufgeregt. Wir dachten, das wird ganz toll, wir sind nämlich zum ersten Mal in eine Großstadt gefahren. Aber dann war alles doch ganz anders.

Die Fahrt nach Berlin hat sehr lange gedauert, fast acht Stunden, denn wir mussten an der DDR-Grenze ziemlich lange warten. Damals war Deutschland ja noch geteilt. Und man musste durch die DDR fahren, wenn man nach Berlin kommen wollte. Wir haben natürlich in Westberlin gewohnt, in einem Gästehaus in Charlottenburg.

Gleich am ersten Tag sind wir ins Zentrum gefahren. Auf dem Ku'damm waren so tolle Geschäfte! Wir wollten einen Einkaufsbummel machen. Aber unser Lehrer war dagegen. Wir hatten nämlich keine Zeit. Wir mussten die Gedächtniskirche besichtigen.

Am nächsten Tag sind wir ins Berlin-Museum gegangen. Das war ganz interessant. Auch das Ägyptische Museum hat uns noch ganz gut gefallen. Aber beim vierten, fünften, sechsten Museum hatten wir wirklich keine Lust mehr. Wir waren müde und sauer. Immer nur Museen und immer nur Kultur. Ich glaube, wir haben fast alle Museen in Berlin gesehen.

Einen Tag waren wir in Ostberlin. Wir haben ein Tagesvisum bekommen. Wir sind ein bisschen spazierengegangen. Die Atmosphäre war anders als in Westberlin. Und natürlich haben wir auf der Museumsinsel ein paar Museen besucht.

Und am Abend? Jeden Abend mussten wir im Gästehaus bleiben und schon um zehn Uhr ins Bett gehen. Nur einen Abend sind wir ausgegangen, in die Oper.

Im Gästehaus waren noch andere Schulklassen untergebracht. Mit einer Jungenklasse aus Recklinghausen haben wir uns etwas angefreundet. Die Jungen und ihr Lehrer haben unsere Klasse an einem Abend in die Disco eingeladen. Aber unser Lehrer war dagegen. Wieder ein langweiliger Abend zu Hause!

Unsere letzte Hoffnung war der freie Nachmittag. Aber nichts da! Wir konnten bitten und betteln, soviel wir wollten. Wir durften nicht allein weg. Unser Lehrer war dagegen.

Als die Woche zu Ende war, waren wir froh, dass wir nach Hause fahren durften."

Lektion 12

Nach ihrer Rückkehr musste die Klasse einen Aufsatz über ihre Fahrt schreiben.

Das ist Tante Gabys Aufsatz:

Letzte Woche machten wir eine Klassenfahrt nach Berlin. Nach einer ziemlich langen, anstrengenden Fahrt durch die DDR erreichten wir endlich unser Ziel. Das Gästehaus, in dem wir untergebracht waren, war sehr schön. Zum Glück durften wir uns an den Abenden immer dort aufhalten.

Gleich am ersten Tag machten wir eine Stadtbesichtigung. Die Geschäfte auf dem Kurfürstendamm interessierten uns nicht besonders. Aber die Kaiser-Wilhelm-Gedächtniskirche war wirklich beeindruckend.

Zum Glück konnten wir viel vom kulturellen Leben dieser interessanten Stadt kennen lernen. All die Museen, Zeugnisse vergangener Zeiten! Besonders intensiv erlebte ich das Ägyptische Museum. Einmal den Kopf der Nofretete im Original sehen, das war ein Erlebnis.

Höhepunkt unseres Tagesausflugs nach Ostberlin war der Besuch des Pergamonmuseums auf der Museumsinsel.

Auch die Aufführung der „Zauberflöte" in der Deutschen Oper hinterließ einen tiefen Eindruck auf mich. So ein Abend gibt einem jungen Menschen doch viel mehr als langweilige Besuche in einer Diskothek.

So wurde diese Woche in Berlin ein Erlebnis, das für mein weiteres Leben sicherlich große Bedeutung haben wird.

a) Tante Gaby hat damals in ihrem Aufsatz nicht ganz die Wahrheit geschrieben. Vergleiche ihren Aufsatz mit dem, was sie erzählt hat.
   Unterstreiche blau, was im Aufsatz richtig dargestellt wird.
   Unterstreiche rot, was im Aufsatz anders dargestellt wird.
b) Mach aus Tante Gabys Erzählung einen ehrlichen Aufsatz. Verwende das Präteritum.
   Schreib den neuen Aufsatz in dein Heft.

Auf einen Blick Wiederholungsübungen

1. Antworte im Perfekt.

Verwende ... *doch erst* ...

a) Wir wollen heute Spaghetti kochen.

 Was? Ihr habt doch erst _____

b) Willst du dir einen Pulli stricken?

 Nein, ich habe mir doch erst _____

c) Wir wollen am Wochenende auf den Feldberg steigen.

 Was? _____

d) Will Jürgen eine Radtour machen?

 Nein, _____

e) Willst du bei dem Marathonlauf mitmachen?

 _____

f) Wir wollen uns eine Kamera kaufen.

 _____

g) Willst du dir die Ferienfotos noch mal ansehen?

 _____

h) Maria will heute 10 Kilometer laufen.

 _____

2. Ergänze in der richtigen Form: *mein – dein – sein – ihr – unser – euer – Ihr*.

a) Habt ihr _____ Rollschuhe mitgenommen?

b) Hast du _____ Rucksack schon gepackt?

c) Wir fahren oft mit der ganzen Familie aufs Meer hinaus. In _____ Schlauchboot ist

 nämlich Platz für fünf Personen.

d) Ach, Mist, _____ Schlafsack ist kaputt. Was mache ich denn jetzt?

e) Anna kann ohne _____ Teddy nicht einschlafen.

f) Können Sie den Koffer in _____ Auto mitnehmen, Herr Braun?

g) Martin hat _____ Gepäck am Fahrkartenschalter vergessen.

h) Komm, wir müssen schneller laufen. _____ Zug fährt gleich ab.

i) Was hast du denn da in _____ Koffer?

Themenkreis 3

Wiederholungsübungen

3. Schreib die Sätze richtig.

Verwende die richtige Verbform.

a) auf Gleis drei – Der Zug – abfahren

   Der Zug fährt auf Gleis drei ab.

b) hier – Du – müssen – einsteigen

   _____

c) du – Können – die Koffer – mir – hinaustragen

   _____

d) gleich – Der Intercity – einfahren

   _____

e) um zwei Uhr – Ich – in Innsbruck – ankommen

   _____

f) Ich – das Schlauchboot – mitnehmen – ans Meer – dürfen

   _____

g) ihr – bei uns – Wollen – mitessen

   _____

4. Schreib sechs kleine Dialoge in dein Heft.

Deine Oma kommt bald, oder?   Wann gehen wir denn auf den Sportplatz?
Kommst du mit ins Kino?
Was haben wir denn nach der Pause?   Mathe.   Wir können ja Monopoly spielen.
Ja, in zwei Tagen.   Gleich nach der Schule.
Was machen wir denn vor dem Abendessen?   Seit einer Viertelstunde.
Wie lange wartest du schon hier?   Nein, ich habe den Film schon vor zwei Wochen gesehen.

5. Stell Fragen.

a) _____ An der Haltestelle Bismarckstraße.

b) _____ Mit der U7.

c) _____ Mit der S-Bahn.

d) _____ Also, Sie gehen hier immer geradeaus.

e) _____ Tut mir Leid, ich bin nicht von hier.

f) _____ Nimm die U8.

g) _____ Von der Oper zum Tiergarten? Warte mal.

Wiederholungsübungen

6. Bilde Sätze mit *gehen – fahren – fliegen*.

a) U-Bahn – Schlesisches Tor

Ich fahre mit der U-Bahn zum Schlesischen Tor.

b) S-Bahn – Wannsee

c) Flugzeug – Amerika

d) Fahrrad – Tennisplatz

e) zu Fuß – Deutsche Oper

f) Auto – Potsdam

g) Bus – Schule

h) U-Bahn – Botanischer Garten

7. Schreib kleine Dialoge.

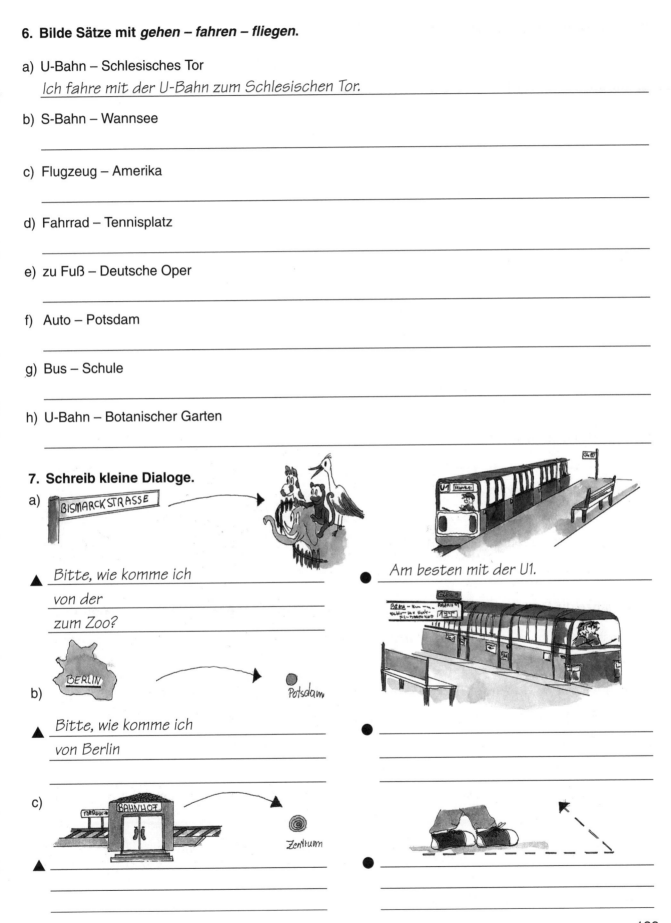

a) BISMARCKSTRASSE

▲ *Bitte, wie komme ich*
von der
zum Zoo?

● *Am besten mit der U1.*

b) BERLIN → Potsdam

▲ *Bitte, wie komme ich*
von Berlin

●

c) BAHNHOF → Zentrum

▲

●

Themenkreis 3

Wiederholungsübungen

8. Ergänze die Präpositionen (in/auf/...) und Artikel.

a) Gehen wir nachher noch einmal _____ Jugendgästehaus zurück?

b) Wir waren am Dienstag _____ Oper.

c) Am Donnerstagnachmittag fährt die Klasse _____ Wannsee.

d) Das Pergamonmuseum ist _____ Museumsinsel.

e) Vielleicht gehen wir auch _____ Ägyptische Museum.

f) Viele Berliner verbringen ihr Wochenende _____ Müggelsee.

g) Kann man _____ Kiosk Briefmarken kaufen?

9. Schreib das Gegenteil.

a) In der Jugendherberge hat uns ein sehr freundlicher Herr begrüßt.

In der Jugendherberge hat uns ein sehr unfreundlicher Herr begrüßt. _____

b) Bettina schreibt auf ganz altem Briefpapier.

_____

c) Man kann in einem kleinen Garten sitzen.

_____

d) Frau Rösner ist eine alte Lehrerin.

_____

e) Das war aber ein langweiliges Fußballspiel.

_____

f) Die Klasse kommt aus einer großen Stadt.

_____

10. Ergänze die Personalpronomen im Dativ *(mir/dir/ihm/...)* **oder Akkusativ** *(mich/dich/ihn/...)*.

a) Leihst du _____ deinen Kamm?

b) Du, Robert, kann ich _____ mal was fragen?

c) Oh, wir kommen viel zu spät. Frau Rösner schimpft _____ bestimmt aus.

d) Hallo, ihr zwei, wir wollen _____ gern zu unserer Party einladen.

e) Guten Tag, Frau Rösner. Und, hat _____ die Klassenfahrt nach Berlin gefallen?

f) He, Florian, gehört _____ der Stadtplan?

g) Matthias isst jeden Morgen vier Brötchen. Das Frühstück im Gästehaus schmeckt _____ wirklich gut.

h) Puh, ist der Koffer schwer! Kannst du _____ mal helfen? Ich kann _____ gar nicht allein tragen.

i) Matthias, du gehst doch in den Zoo. Nimmst du _____ mit?

1. Nebensatz
Ergänze die Sätze.

Ich fahre nach Korsika.
Petra sagt, dass sie _____ _____ _____ .

Warum fährst du nach Korsika?　　Jan ist auch dort.
　　　　　　　　　　　　　　　Weil _____ _____ _____ _____ .

Im Hauptsatz steht das Verb (kreuze an):　⬜ ✗ ⬜ ⬜
Im Nebensatz steht das Verb (kreuze an):　⬜ ⬜ ⬜ ⬜

2. Wechselpräpositionen
Ergänze.

Ich wohne in _____ Stadt.
Wir waren _____ Meer.
Die Dose steht auf _____ Tisch.
Die Schuhe stehen unter _____ Bett.

_____ wohnst du?
_____ steht die Dose?

Ich gehe in _____ Stadt.
Wir fahren _____ Meer.
Ich stelle die Dose auf _____ Tisch.
Er stellt die Schuhe unter _____ Bett.

_____ gehst du?
_____ stellst du die Dose?

Ort mit der Frage: _____ ?
Ort: Präposition + _____

Bewegung mit der Frage: _____ ?
Bewegung/Richtung: Präposition + _____

3. Indirekte Frage

a) mit Fragepronomen
Ergänze.

Wer ist heute gekommen?
Weißt du, wer _____ _____ _____ ?

Wohin müssen wir gehen?
Ich habe dich gefragt, wohin _____ _____ _____ .

In der indirekten Frage steht das Verb (kreuze an): …, Fragewort ⬜ ⬜ ⬜

b) Satzfrage
Ergänze.

Ist das dein Reiseführer?
Er fragt, _____ das dein _____ _____ .

Kommt unser Sportlehrer heute?
Weißt du, _____ _____ _____ _____ _____ ?

> Bei der indirekten Satzfrage brauchen wir das Wörtchen ▓▓▓▓▓▓ .

In der indirekten Satzfrage steht das Verb (kreuze an) ..., ob ▓▓▓▓ ▓▓▓▓ ▓▓▓▓ ▓▓▓▓

4. Vergangenheit: Perfekt

So sprechen wir:

Wir sind am Montag losgefahren.
Bald sind wir in Berlin angekommen.
Wir haben gleich einen Stadtbummel gemacht.

So schreiben wir Texte:

Wir fuhren am Montag los.

Bald _____ _____ _____ _____ _____ .

Wir _____ _____ _____ _____ _____ .

„Seife[1] kaufen"

Eine Gruppe von Touristen ist in einem fremden Land, und keiner versteht die Sprache, die hier gesprochen wird.

Schon am zweiten Reisetag gibt es Schwierigkeiten: Eine Frau hat ihre Seife vergessen. Nun war sie schon in zwei Läden, aber dort hat man nicht verstanden, was sie wollte.

5   In der Nähe ist ein Laden. Alle gehen dorthin, und ein Mann wird mit Gelächter durch die Tür geschoben. Die anderen bleiben draußen und beobachten durch die Schaufensterscheibe, was drinnen geschieht.

Im Laden ist ein Verkäufer. Er begrüßt den Mann. Der Mann sagt nichts. Er reibt seine Hände, als wasche[2] er sie.

10   Der Verkäufer muss glauben, der Mann sei taubstumm. Weil er nicht weiß, was er tun soll, reibt auch er seine Hände und lächelt freundlich dazu.

Der Mann reibt sein Gesicht mit den Händen.

Nun glaubt der Verkäufer, ihn zu verstehen. Er nimmt eine Tube Hautcreme aus dem Regal, schraubt sie auf und lässt den Mann daran riechen.

15   Der Mann schiebt die Tube ärgerlich weg.

Er reibt jetzt seinen Hals und fährt sich mit den Fingern in die Ohren.

Der Verkäufer versteht: Hals- und Ohrenschmerzen. Schnell holt er ein Paket Watte und Gurgelwasser. Er zeigt dem Mann mit den Fingern, wie viel Tropfen Gurgelwasser er nehmen soll, gurgelt ihm etwas vor, dreht schnell ein Wattepfröpfchen und stopft es dem

20   Mann ins Ohr.

Wütend reißt der Mann die Watte wieder heraus.

Er zieht seine Jacke aus und rubbelt sie.

Der Verkäufer holt Fleckenwasser, nimmt dem Mann die Jacke aus der Hand und sucht nach dem Flecken, der entfernt werden soll.

25   Inzwischen hat der Mann auch sein Hemd ausgezogen. Er reibt sich die nackte Brust. Schon rennt der Verkäufer und bringt ein Unterhemd.

Der Mann reißt ihm das Hemd aus der Hand und schleudert es auf den Ladentisch.

Nun hebt er beide Arme über den Kopf, prustet und schnaubt und spielt dem Verkäufer „duschen" vor.

30   Die anderen draußen biegen sich vor Lachen.

Der Verkäufer greift sich an den Kopf. Er hat es wohl mit einem Verrückten zu tun. Er rennt aus dem Laden.

Kaum ist der Mann allein, springt er hinter den Ladentisch und wühlt in Fächern und Schubladen.

35   Er findet Seife, wirft einen Geldschein auf den Tisch, rafft seine Kleider zusammen und rennt zur Tür.

Da kommt der Verkäufer mit einer Frau zurück in den Laden.

Der Mann schreit: „Seife!", zeigt das Seifenstück, deutet auf den Geldschein und läuft hinaus.

40   Draußen wirft er der Frau die Seife zu und rennt weg, immer noch halbnackt.

Lachend laufen die anderen Touristen hinterher, und hinter denen her laufen der Verkäufer und die Frau aus dem Laden. Sie wollen dem Mann Geld zurückgeben. Er hat die Seife viel zu teuer bezahlt. Das rufen sie den Touristen nach – auf deutsch!

Ursula Wölfel

 1   2 sauber machen

Lesetext

a) Such die Verben in deinem Wörterbuch. Spiel sie dann in der Klasse ohne Worte (pantomimisch).

> *schieben – reiben – waschen – schrauben – gurgeln – drehen – rubbeln – schleudern – prusten – schnauben – biegen – raffen (zusammenraffen) – schreien*

b) Übersetze die Wörter. Schau in deinem Wörterbuch nach.

taubstumm _____

die Tube _____

die Watte _____

wütend _____

der Fleck(en) _____

c) Stell dir vor, ihr spielt die Geschichte als Theaterstück. Wie sind die Szenen in der richtigen Reihenfolge? Ordne die Abschnitte.

☐ Der Mann ist allein im Laden, er sucht und findet Seife, er legt den Geldschein hin und will weglaufen.	Zeile ___ – ___
☐ Die anderen Touristen beobachten das alles von draußen.	Zeile ___ – ___
☐ Der Mann reibt seinen nackten Oberkörper – der Verkäufer bringt ihm ein Unterhemd.	Zeile ___ – ___
☐ Draußen wirft er der Frau die Seife zu und rennt weg. Die anderen Touristen laufen hinterher. Der Verkäufer und die Frau kommen aus dem Laden und laufen hinterher. Sie rufen auf Deutsch, dass sie dem Mann Geld zurückgeben wollen.	Zeile ___ – ___
☐ Der Verkäufer und die Frau kommen. Der Mann schreit: „Seife!", zeigt auf das Geld und läuft hinaus.	Zeile ___ – ___
1 Das Spielfeld ist leer. Die Touristengruppe kommt. Die Frau jammert wegen der Seife.	Zeile ___ – ___
☐ Der Mann reibt seine Jacke – der Verkäufer holt Fleckenwasser.	Zeile ___ – ___
☐ Der Mann reibt sich Hals und Ohren – der Verkäufer bringt Gurgelwasser und Watte.	Zeile ___ – ___
☐ Die anderen Touristen lachen.	Zeile ___ – ___
☐ Der Mann „duscht" – der Verkäufer läuft aus dem Laden.	Zeile ___ – ___
☐ Der Mann reibt sein Gesicht – der Verkäufer holt Hautcreme.	Zeile ___ – ___
☐ Alle gehen zum Laden hinüber. Der Mann geht in den Laden. Der Verkäufer begrüßt den Mann.	Zeile ___ – ___
☐ Beide reiben sich die Hände.	Zeile ___ – ___

Themenkreis 3

1. Lange und kurze Vokale vor s

a) Vokal vor **-ss**

⚠ Die Vokale vor **-ss** spricht man immer **kurz**.

Lies die Wörter laut und markiere den kurzen Vokal mit einem Punkt •.

> interessant – dass – Reißverschluss – wissen – lässig – Cassettenrecorder – lassen – Adresse – essen

b) Vokal vor **-ß**

⚠ Einfache Vokale vor **-ß** spricht man immer **lang**.

Lies die Wörter laut und markiere den langen Vokal mit einem Strich __ .

> Spaß – Fußball – größer – Kloß

⚠ Nach ei-, eu-, au-, äu- → **ß**: heißen – Rei___verschluss – Strau___ – Sträu___e

c) Lang oder kurz? **ss** oder **ß**?
Welche Wörter sind das? Ergänze **ss** oder **ß**. Markiere den einfachen Vokal mit Punkt • (kurz) oder Strich __ (lang).

Kla_ss_e – hei___ – mu___ – Taschenme___er – scheu___lich – Fu___ball – mü___en – verge___en – da___ – Stra___e – drei___ig – Wa___er – i___t – hä___lich – Se___el – Fü___e – Klö___e – drau___en – Sträu___e

2. Der s-Laut
Am Anfang eines Wortes oder einer Silbe spricht man das **s** stimmhaft wie das Summen einer Biene.

Am Ende eines Wortes oder einer Silbe oder vor einem Konsonanten spricht man das **s** stimmlos wie das Zischen einer Schlange.

Lies die Wörter laut. Unterstreiche das stimmhafte **s** so ∧∧ und das stimmlose **s** so —.
Vergleiche mit deinem Partner.

> Sand – es – Häuser – sehr – Zeugnis – Disco – Ostsee – sollen – Insel – Fenster – Tesafilm –
> Österreich – Chinese – Dose – Bus – sagen – etwas – Haus – Sonne – Musik – Fernseher – Physik
> – Französisch

3. Zusammengesetzte Nomen – Komposita
Teile die zusammengesetzten Nomen mit einem Strich | .

> Haupt|stadt – Brieffreund – Ausflug – Nachmittag – Lieblingsfach – Einkaufsbummel –
> Stadtrundfahrt – Ostsee – Postkarte – Fußballspiel – Stirnband – Stadtpark – Tischtennis –
> Streichhölzer – Deutschland – Schwimmbad

Lies die Wörter laut und unterstreiche den betonten Wortteil: <u>Haupt</u>|stadt – <u>Brief</u>|freund

Test Lektion 10

Test A   Was ist richtig?

1. Benutzen _____ Fahrräder auf eigene Gefahr!

9	den
17	der
31	die

2. Wir fahren mit _____ Kindern in die Ferien.

7	dem
24	den
27	der

3. Ich finde, _____ er sehr gut aussieht.

2	wie
18	dass
33	weil

4. Wir fahren mit _____ Zug.

6	dem
21	den
29	der

5. Ich leihe _____ mein Auto.

3	sich
13	euch
28	mir

6. Gehört der Koffer _____?

4	dich
20	dir
35	du

7. Fährst du nach Hamburg, _____ Rolf dort wohnt?

1	dass
14	weil
30	warum

8. ● Kann ich _____ helfen? ■ Ja, bitte.

8	uns
23	ihn
34	Ihnen

9. Betreten _____ Kinos strengstens verboten!

10	dem
16	den
25	des

10. Ich fahre nie ohne _____ Hund in die Ferien.

11	meinem
15	mein
26	meinen

11. Tom hat gesagt, dass _____.

12	du kommst auch
19	du auch kommst
32	kommst auch du

12. Ich fahre _____ meine Schwester in die Ferien.

5	mit
22	ohne
36	zusammen

Lösungssumme: 238

Themenkreis 3

Test B   Setz das richtige Wort ein.

> einen 3 ◆ ihn 5 ◆ dass 2 ◆ wem 7 ◆ Hotel 4 ◆ mir 6 ◆ ohne 9 ◆
> weil 1 ◆ dem 8 ◆

● Du Lea, _____ (a) gehört denn der Schlafsack da?

■ Der gehört _____ (b).

● Aha, und was machst du mit _____ (c) Schlafsack?

■ Ich brauche ihn, _____ (d) ich morgen nach Italien fahre.

● Ich weiß, _____ (e) du morgen nach Italien fährst. Aber ihr wohnt doch im _____ (f).

■ Ja, aber _____ (g) meinen Schlafsack fahre ich nicht in die Ferien. Sag mal, ich brauche noch

  einen Reiseführer von Italien. Hast du _____ (h)?

● Ja, du kannst _____ (i) für die Ferien haben.

■ Oh, super!

Lösung:

$$\boxed{a - b + c + d + e + f - g + h - i} = 5$$

Test C   Wie heißen die Wörter richtig?

1. Zweimannpapier   _Z w e **i** m a n n z e l t_

2. Taschengeschäft   _T_ __ __ __ __ __ __ __ __ __ __ __ __

3. Zeitungszelt   _Z_ __ __ __ __ __ __ __ __ __ __ __

4. Bahnsack   _B_ __ __ __ __ __ __

5. Schlafhof   _S_ __ __ __ __ __ __ __

6. Blumenkarte   _B_ __ __ __ __ __ __ __ __ __

7. Fahrkiosk   _F_ __ __ __ __ __ __ __

8. Toilettenmesser   _T_ __ __ __ __ __ __ __ __ __ __ __ __

Lösungswort:

Die Sachen sind _i_ __   __ __ __ __ __ __ .

Test Lektion 11

Test A   Was ist richtig?

1. Am Samstag fahre ich _____ Lisa.

9	an
17	nach
31	zu

2. Fahrt ihr dieses Jahr wieder _____ Bodensee?

7	an dem
24	an den
27	ans

3. Mein Freund Leo wohnt _____ Ostsee.

2	an die
18	an der
33	an den

4. Wollen wir _____ Ravensberg steigen?

6	auf den
21	in den
29	an den

5. Wann fliegt ihr nach _____?

3	Alpen
13	London
28	Tante Anna

6. Ich war in den Ferien _____ Sahara.

4	in der
20	in die
35	im

7. Ich bin so gern _____ Türkei.

1	an der
14	nach der
30	in der

8. Meine Großeltern leben _____ Schweiz.

8	in
23	in der
34	in die

9. Wir sind am Sonntag _____ Ostsee gefahren.

10	am
16	nach die
25	an die

10. Warst du schon mal _____ der Insel Mainau?

11	an
15	auf
26	in

11. Wir fliegen morgen _____ Spanien.

12	in
19	nach
32	zu

12. Ich war gestern _____ Onkel Heinz.

5	an
22	bei
36	zu

Lösungssumme: 230

Themenkreis 3

Test B Setz das richtige Wort ein.

> Meer 8 ◆ zu 4 ◆ der 10 ◆ Türkei 2 ◆ wandern 7 ◆ schwimmen 3 ◆ in 9 ◆
> wohin 6 ◆ auf 1 ◆ See 5

● Du Petra, wollen wir zusammen in die Ferien fahren?

■ Au ja, das ist eine super Idee. Aber _____ (a) wollen wir denn fahren?

● Fahren wir doch in die _____ (b)!

■ Ach nein, in _____ (c) Türkei ist es viel zu heiß und es ist zu teuer.

● Gut, dann können wir ja vielleicht _____ (d) die Insel Norderney fahren.

■ Da ist es langweilig. Ich möchte lieber _____ (e) die Berge fahren.

● Aber da kann man doch nur_____ (f). Ich fahre am liebsten ans_____ (g). Ich

schwimme so gerne.

■ Ich hab's! Wir fahren _____ (h) meinen Großeltern. Sie wohnen an einem großen _____ (i) im

Harz. Da kann man wandern, _____ (j) und Rad fahren.

● Das hört sich gut an.

Lösung:

a − b + c − d + e − f + g + h − i + j	= 25

Test C Suche neun Wörter.

C	V	O	E	N	G	L	Ä	N	D	E	R
H	S	T	P	O	N	B	Ö	P	E	S	L
I	R	U	S	S	L	A	N	D	U	A	B
N	O	L	P	O	E	B	C	T	T	A	Q
E	F	R	A	N	Z	Ö	S	I	S	C	H
S	F	R	A	N	K	R	E	I	C	H	T
E	T	P	O	G	D	L	N	E	H	I	Ü
K	W	F	H	I	P	Z	T	R	U	N	R
S	D	G	U	I	T	A	L	I	E	N	K
G	R	I	E	C	H	I	S	C	H	S	I
Y	U	N	F	T	R	P	M	L	H	E	N

Lösungswort:

Ich steige _a_ __ __ __ __ __ B__ __ __ .

Land

1. _I t a l i e n_

2. __ __ __ __ __ __ __

3. __ __ __ __ __ __ __ __ __

Leute

4. __ __ __ __ __ __ __ __

5. __ __ __ __ __ __ __

6. __ __ __ __ __ __

Sprache

7. __ __ __ __ __ __

8. __ __ __ __ __ __ __ __

9. __ __ __ __ __ __ __ __ __

Test A Was ist richtig?

1. Ich lebe schon _____ sechs Jahren in München.

9	nach
17	seit
31	vor

2. Wir _____ uns um drei Uhr treffen.

7	gewollt
24	wollt
27	wollten

3. Wir _____ keine Zeit für einen Stadtbummel.

2	hattet
18	hatten
33	hatte

4. Ich möchte gern wissen, _____.

6	kommst du
21	ob du kommst
29	ob kommst du

5. Gestern _____ ich keine Hausaufgaben.

3	gehabt
13	habe
28	hatte

6. Nach 1949 _____ es zwei deutsche Staaten.

4	gab
20	geben
35	gegeben

7. Vor drei Jahren _____ ich hier in München nur Paula.

1	kannte
14	kenne
30	gekannt

8. In Dahlem _____ wir lange auf die U-Bahn warten.

8	gemusst
23	muss
34	mussten

9. _____ drei Tagen war ich in Hamburg.

10	Bis
16	Vor
25	Zu

10. Weißt du, _____?

11	Anna ist wo
15	wo Anna ist
26	wo ist Anna

11. Gestern _____ ich leider nicht kommen.

12	kann
19	können
32	konnte

12. Geh bitte für mich _____ Post.

5	zu
22	zum
36	zur

Lösungssumme: 249

Themenkreis 3

Test B **Setz das richtige Wort/den richtigen Ausdruck ein.**

> sah 7 ◆ trafen 2 ◆ war 9 ◆ fuhren 6 ◆ Stadtrundfahrt 4 ◆ Stadtbummel 3 ◆ mussten 10
> ◆ rief 1 ◆ nach 5 ◆ Fahrt 8

Unsere Klassenfahrt nach Berlin

Vor zwei Wochen haben wir eine _____ (a) nach Berlin gemacht. Hier ist unser Bericht:

Am Freitag um sieben Uhr ging es los und um halb eins kamen wir in Berlin an. Wir _____ (b) erst mal zum Hotel. Am Nachmittag machten wir eine _____ (c) mit dem Bus. Es _____ (d) sehr interessant.

Am Samstagvormittag war Zeit für einen _____ (e): Alle kauften etwas. Am Nachmittag fuhren wir nach Sanssouci. Das ist ein tolles Schloss!
Und was für ein Zufall: In der U-Bahn _____ (f) wir den Bruder von Herrn Steffens. Alle redeten und lachten. Da _____ (g) Herr Steffens ihn plötzlich. Er _____ (h): „Das gibt es doch gar nicht!" Aber es war wirklich sein Bruder! _____ (i) dem Abendessen waren wir im Kino.

Am Sonntagvormittag konnten wir noch einen Spaziergang machen, dann _____ (j) wir leider schon wieder nach Hause fahren. Um 15 Uhr waren wir wieder hier.

Lösung:

$$a - b + c + d - e + f - g + h - i + j = 13$$

Test C **Wo gibt es was?**

1. Brötchen kauft man in der __ __ __ __ __ __ __ ▨ .

2. Ich muss zur __ __ ▨ __ : Ich habe kein Geld mehr.

3. Wenn ich den Brief geschrieben habe, bringe ich ihn gleich zur ▨ __ __ __ .

4. Wo ist eine __ __ ▨ __ __ __ __ __? Ich brauche Hustensaft.

5. Du hast deinen Kamm vergessen? Dann geh doch in den __ __ __ __ __ __ __ __ __ ▨ und kauf dir einen.

6. Da ist ein __ __ __ ▨ __ . Da kaufe ich eine Zeitung.

7. Zahnbürsten gibt es im Supermarkt und in der ▨ __ __ __ __ __ __ __ .

8. Im __ ▨ __ __ __ __ __ __ gibt es alles: Bücher, Cassetten, Schuhe, Uhren und noch viel mehr.

9. Markus findet Kunst interessant. Darum geht er ins ▨ __ __ __ __ __ .

Lösungswort:
Wir waren heute __ __   __ __ __ __ __ __ __ .

Quellenverzeichnis

Seite 24:	Musik + Show, Hamburg
Seite 32/33:	Texte aus: Junge Zeit, Heft 12/1988
Seite 38:	Zeichnungen: Gisela Specht, München
Seite 43ff./99ff./146ff.:	Tests: Karin Gundlach, Gauting
Seite 55:	Text von Martin Auer aus: Was niemand wissen kann, Gulliver Taschenbuch 114. © Beltz Verlag Weinheim und Basel 1986, Programm Beltz & Gelberg, Weinheim
Seite 66:	Gedicht von Eugen Roth aus: Ein Mensch. Heitere Verse. © 1949 Carl Hanser Verlag, München
Seite 69:	Text von Ernst A. Ekker aus: Geh und spiel mit dem Riesen. © Beltz 1971
Seite 71:	Cartoon von Manfred Limmroth/Cartoon Caricature-Contor, München
Seite 89:	Text von Ursula Wölfel aus: 28 Lachgeschichten. © by K. Thienemanns Verlag, Stuttgart – Wien
Seite 95:	Text von Vera Ferra-Mikura aus: Was meinst du dazu? Die Stadt der Kinder, Recklinghausen 1969. © Georg Bitter Verlag, Recklinghausen
Seite 114:	Text „Ich möchte mich gerne mal langweilen" von Wolfgang Altendorf aus: MÜCKE 9/82. © Universum Verlagsanstalt, Wiesbaden
Seite 142:	Text von Ursula Wölfel aus: Du wärst der Pienek. © Anrich Verlag, Kevelaer